運命はあなたが決めるのを待っている

Your destiny awaits-only you can make the commitment to proceed

中島 薫

Kaoru Nakajima

サンマーク出版

はじめに

　ビジネスで成功して、世界中のいろいろな場所へ行き、いろいろなものを見て、さまざまな国のさまざまな人と知り合うようになってあらためて、私は「自分は日本人である」ということを確認するようになりました。それとともに、自分が何が好きで何が好きではなくて、どういう考え方をするのか、何を求めているのかなどということもよくわかるようになってきました。

　自分と違うものと触れ合えば触れ合うだけ、自分というものの輪郭が見えてくるような気がするのです。外へ向かえば向かうほど、逆に内側が見えてくるような、不思議な感覚です。

そしてやっと最近、「中島薫」という人間について自分でも理解できるようになってきました。それは、「私は毎日変化していく」ということが確認できるようになったということです。

私に限らず、人間は日々変化します。いえ、こうしている何秒、何分かのあいだにも、私たちの中では劇的な変化が起こっているのです。たいていの人はそのことにふだんは気がつかないまま、忙しさに流されてしまっているのです。それではあまりにもったいない、自分の中の可能性というものにあらためてもう一度目を向けてほしいと思い、私はこの本を書きました。

あなたがこの本を手にとったということは、今まで自分の中に眠らせていた、あるいは眠っていないのにほうっておいたその可能性を目覚めさせるときがきたということだと私は思います。

私たちは毎日、いろいろなことにめげたり、悩んだり、迷ったり、落ち込んだりします。この本の中の何かたった一つのフレーズなり言葉なりが、そこから抜け出し、新しく目覚めるためのきっかけになればと思います。

めくったページの数だけ、あなたの可能性の扉が開かれることを祈っています。

平成一三年六月

中島　薫

目次

装　丁……倉田明典
校　正……菅村　薫
本文組版……山中　央

01 考えすぎるとバカになる

考えるというのはもちろんいいことですが、考えすぎるとそれはもうよくないことになってしまいます。

仕事でも、「この三つの案のうち、どれがいいか選んで」と言われただけで、ずーっと悩む人がいます。どれになっても大差はないからあとは好みの問題かなという程度のものなのに、考えすぎたためにどれがいいかわからなくなって、一つを選ぶことができなくなっているのです。食事に行ってメニューを見て、じゃあまず飲み物をというときから、迷ったあげく自分がどれを飲みたいのかわからなくなる人もいます。何にしようか考えるのはいいのですが、考えすぎて煮詰まってしまっているのです。こういう人は、結局一番初めにいいと思ったものに戻るのですが、オーダーしたらしたで、「やっぱり別のにすればよかった」と必ず言うのです。それくらいならそれをとっとと飲んで、別のを注文すればいいのにと思います。一生を左右する問題ならともかく、たかだか食事のときの最初の飲み物でこうなのですから、その人の将来が思いやられるようです。

日常のことくらいなら、自分の直感をもう少し使ったほうがいいと思います。考えすぎると本質からどんどん遠ざかってしまう。シンプルなものにどんどんよけいな考えを追加していくようなものですから、答えなんか出るわけがないのです。迷いすぎるというのは樹海に入りこんだようなもの。時間がたつほど深みにはまります。バカにならないうちに、さっさと動きましょう。

02
自分が何をしているときに幸せかをもう一度よく考える

「あなたは何をしているときが一番幸せですか？」

こう聞かれて、答えられずに考え込んでしまった人は要注意です。そのまま進んでいったら、幸せになる道からどんどんはずれていってしまいますから、急いで軌道修正をする必要があります。

仕事が忙しすぎてそれで生活がすべてふさがってしまったり、逆に時間はたっぷりあるのに変化のない暮らしが続いていたりするのなら、それは毎日が雑になっているということです。もっと自分のことに時間をとらなくてはいけません。それは自分を見つめる時間であり、自分を大切にする時間です。自分のために、自分の好きなことをしたり、自分が好きなことを増やしたり、そういう時間が人生のなかには必要なのです。

現代は、人も物も情報も、すべてのことに関する流れが速くなっています。私たちはそれらを追いかけるだけでくたくたになったり、あるときはうしろからどんどん押され、前につんのめりそうになりながら生きています。ほうっておいても適当に時間が流れていってくれる生活に慣れてしまえば、あえて自分と向き合うというようなことはしなくても、問題なく生きられます。だからこそよけいに、自分を癒《いや》し、励ましてあげなければいけないのです。

うすっぺらい満足しかない毎日を続けていたら、そのうち心がガサガサにひびわれてしまうでしょう。そうなってからでは大変です。自分のために、「幸福な時間」を取り戻してあげましょう。

03

答えを早く出そうとすると、本質の邪魔をすることがある

私たちは何かわからない物事にぶつかると、その答えを知りたいと思います。でも、そのときに注意しないといけないのは、答えを早く知ろうとすると、本質の邪魔をしてしまう場合がある、ということです。本来なら省略してはいけない手順を気持ちが焦るあまりに省略してしまうと、あとで痛い目を見ることがあるのです。

答えには、すぐに知らないとまずい答えと、すぐに知ってはいけない答えとがあります。たとえば、体調がすぐれないというときは、早く病院に行って診てもらう。それで「異常ありません」と言われたら楽になります

し、もしも何か病気だったとしても、早期発見・早期治療ができます。こういうのはすぐに知らないといけない答えです。逆に、たとえば事業を起こすとか、習い事をするとか、ダイエットをするとか、これらはある程度の時間がかかることは覚悟しなければいけない、成果が出るまでのプロセスもワンセットで体験しなくてはいけないものです。そうでなければ正しい結果につながらない。つながってもどこかでほころびが出るのです。たとえば設備や人材がそろわないまま事業をスタートしたら途中で頓挫《とんざ》するかもしれないし、無理なダイエットで急激にやせたら、そのあと体を壊したり、リバウンドで前より太ったなどということにもなるかもしれません。青いトマトを早く赤くしようと薬を使ったら、それは何か違うような気がしませんか。それと同じことだと思うのです。ゴールに早くたどり着こうと勝手な近道をすると、逆に道に迷うことにもなりかねないのです。

04

表現力は人間力である

「表現力」とは何でしょうか。よく耳にする割に曖昧《あいまい》な言葉です。私は「自分の思いや感情、伝えたいメッセージなどを、言葉や音や絵や歌やそのほかの一番適した方法で、人に的確に伝える力」と考えています。

たとえば作家なら、湧《わ》き出る感情を文章で表します。画家なら絵で、音楽家なら演奏で。子どもはうれしい気持ちを満面の笑みで表すかもしれませんし、アフリカのある部族は仲間が亡くなった悲しみを歌で表すそうです。ビジネスで成功して手に入れた自宅の新築祝いにと、私がビジネスをスタートした年に作られたワインをくれた友人もいます。ものや情報のあふれる現代においてこそ、表現力というのは重要です。それは、自分という人間をどこまで表現できるか、つまり人間力の強さが問われるからです。

最近私は、韓国に講演に呼ばれて八〇〇〇人の前でスピーチをしたときに表現力を発揮しました。韓国の聴衆はいつも熱心で、私も楽しく話ができます。それで、そのお礼と感謝の気持ちを伝えたいと思ったのです。でも、私の韓国語は挨拶《あいさつ》くらいまでで、気の利いたことは言えそうもありません。そうしたら講演の前日、ホテルのテレビで韓国の国歌を演奏していたのです。これだ！　と思った私はスタッフに縦笛を買ってきてもらい、一晩練習してステージでそれを演奏しました。縦笛なら言葉がわからなくても大丈夫だと思ったのです。もちろんみんなとても喜んでくれて、なんと会場中が私の笛に合わせて国歌を合唱したのです。彼らのこの表現力もまたすばらしい。人間力に感動した瞬間でした。

05

本当に努力していれば、神様も味方になってくれる

私がこんなことを言うのもちょっと変かもしれませんが、私は神様というものは案外人情にほだされたり、親近感のあるものだという気がしています。何かに向かって一生懸命努力している人を見たら「この人がここまで頑張ってるんだから、味方してあげないとしかたないかな」くらいは考えてくれる存在だと思うのです。まじめに努力している人間が報われないようなことにはさせないはずです。ということは、逆に何かをするときは、神様に「力を貸してやるか」と思わせるぐらいの動きをしなければいけないのです。「こんなに頑張ってるのに神様は助けてくれない」と思えても、

それはあなたの判断基準であってまだ甘いということです。「もうだめだ」と感じてもそこで「いや、私はまだだめだから助けがないんだ」と思って続けるのです。

映画『ハンニバル』のレクター博士役で有名な俳優のアンソニー・ホプキンスが、以前俳優の卵たちにこんなふうに言っていたことがありました。「なんでも続けることが大事で、続ける勇気をもてば、神様が味方についてくれる」と。補足するなら、ただ続けるのではなく、その続けようとする勇気で事を起こすのです。あらゆる努力をすることを表現する英語で「Move heaven and earth」という言葉があります。文字どおり「天地を動かすほどの気持ちで努力をすれば、本当に動かすことができるかもしれない」という意味です。

あなたの天地が動く日が来ることを祈っています。

06
人は「見てくれ」である

「第一印象」という言葉があるように、やはり最初にぱっと見たときにインプットされるイメージはとても重要です。人間は情報の処理に五感のなかで視覚を一番多く使っていて、なんと七〇%ほどを占めるというのですから、いかに「見た目」が重要かがわかります。外見もあなたの一部なのです。着せ替え人形なら別ですが、髪から服から靴まで、自分のテイストで選んだものを着ているかぎり、それらもあなたを表す手がかりなのです。

それに、外見というとすぐ「顔の造作」のことだと思う人がいますが、私が外見で重視したいのは、その人の表情です。表情には感情や体調などが表れますから、そこに注意を払う必要があるのです。なんだかいつも暗い人と、いつもにこにこしている人と、どちらが本当に見てくれがいいのかおわかりでしょう。

性格とか考え方とか好みとか、あとでいろいろわかってくることはありますし、それらももちろん大事です。でも、外見はそこに行く前の第一関門に当たるわけですから、きちんとしておくに越したことはないと思います。あなたが部屋の中を完璧《かんぺき》に整理整頓して居心地よくしていたとしても、家の外壁がはげ落ちて玄関のガラスが割れて庭が雑草だらけだったら、訪ねたいと思う人はかなり少ないと思うのです。飾り立てる必要はないけれど、他人に迷惑や不快感を与えない程度にきちんとしておくのはマナーとして当然でしょう。かといって、外観はきれいなのにトイレが汚いというのも困りますから、見てくれとともに中身のチェックも忘れないように。

07
さっさと謝れるということは最高にカッコいいこと

謝るのはカッコ悪いこと、恥ずかしいことと思い、なかなか謝れない人が私の周りにもいます。でも、これはまったく逆です。つまらない見栄や体裁にこだわらずにさっさと謝れる人のほうが、実は最高にカッコいいと思うのです。

さっさと謝れる人というのは、勇気があり、器が広くて状況判断が早く、本当の意味でのプライドをもっている。そして純粋な人であると私は思います。なぜ純粋かというと、この純粋さがない人というのは「ここで謝ったらあとでどうなるだろう」とかよけいなことを考えるからです。

さっさと謝っておけばその場ですぐ解決していたはずの問題が、ぐずぐずしているあいだに手がつけられないほど大きくなったことは世の中にたくさんあるはずです。物事はいったんこじれると、なかなかすんなりとは解決しないものですし、そこからまた違うもめ事が起こったりよけいなエネルギーを使わなければいけなくなります。

たとえばアメリカのような訴訟社会という環境で生きている人だとか、あるいは外交上のことなどのデリケートな問題だと、さっさと謝ってすむかは一概には言えないかもしれません。でも、日本の普通の社会に暮らしているかぎり、やはり自分が悪いと思ったらさっさと謝るのが一番カッコいい解決方法だと私は思いますし、すぐに謝れば相手だって許してくれるのではないかと思うのです。ですから日常のことくらいなら、さっさと謝っておいたほうが結局得をすると思います。

08

夢はあなたを裏切らない、あなたが夢を裏切るだけ

あなたの夢は、いつだってそこにあります。あなたが初めて「かなえたい」と思った瞬間から、変わらぬ姿でそこにありつづけるのです。決してあなたを裏切ったり、見捨てたりはしないのです。でも私たちはときどき、自分から夢に別れを告げます。あともう少しというところであきらめてしまい、夢をそこに待たせたまま歩み去ってしまうのです。

たとえばあなたが「イギリスへ留学して本場でシェイクスピアを学びたい」と思ったとします。その瞬間から、あなたのその夢は「いつでもどうぞ」とあなたの前に差し出されているようなものです。あとはあなたがつ

かみとるだけです。誰も邪魔はしませんし、夢だって勝手に難しくなったり遠ざかったりはしません。でもそこで「手続きが面倒で嫌になってきた」とか「思っていたより費用がかさむので困った」とか「現地で大学に入ったものの、やっぱり難しくてわからない」とかいろいろぐちゃぐちゃ言い出したら、自分から夢を裏切ったことになるわけです。

夢を勝手にあきらめて見捨ててしまっても、それはあなたがそうしたいのならそうしてもいいのです。でも、それを誰か他人のせいにしたり、環境のせいにしたり、まして夢そのもののせいにしたりしてはいけません。夢はあなたが歩み去ったあとも、そこに残っていることしかできないのですから。そう、遠い昔に置いてきた夢だって、今もそこであなたを待っているのです。どうか一つひとつの夢を大切にして、一度でかなえられなくても何度でもそこに戻って、夢との約束を果たしてほしいと思うのです。

09

「こうあるべきである」というものは、本当はない

物事に対して「こうあるべきである」とか「こうでなければいけない」と思いすぎるのは危険です。自分が好きなものややりたいことは、人に迷惑をかけないかぎり好きなようにやればいいと思うのです。私は、何をするにも基本は「楽しいこと」だと思うのです。たとえば、テニスを習いたての子どもがラケットを勢いよく振り回しているところを見て、うまいへタを論じても意味がないでしょう。本人が楽しくやっているのならそれでいいのです。私たちは絵を見たり音楽を聴いたりおいしい料理を食べたりするときは「あっ、こういう描き方もある」とか「こういう弾き方もある」

とか「こういう味つけや盛りつけ方もある」と純粋にそれを楽しめるのに、ふだんはそれを忘れてしまうのです。

以前テレビで、アフリカのある部族の人たちの雨乞いのためのお祈りの音楽と踊りを見たことがあります。それはもう音楽のカテゴリーとか良し悪《あ》しとかはまったく超越していて、独特の雰囲気と迫力とを醸し出していました。ただ物事の本質だけがそこにあったのです。

「こうでなければいけない」というのは、自分が勝手につくった思い込みであることが実は多いのです。ですから、それがそのとおりにならないとしても、落ち込んではいけません。それは決して人生の失敗や挫折《ざせつ》ではないのです。そう考えると、つまらない固定観念はあなたの人生にプラスにはなっていないと気づくはず。自分の思い込みに縛られている自分を、解放してあげましょう。

10 生き方はいつも「その先」が重要である

私は教育評論家ではありませんが、日本の子どもを見ていて自分なりに「残念だな」と思うことがひとつあります。それは「自分の生き方」というものを理解している子どもが本当に少ないということです。

仕事で海外に出張に行くとそう思うのですが、特にアメリカの子どもを見ていると、日本の子どもとの違いがはっきりわかります。日本の子どもが「将来の夢は何ですか」と聞かれてたいていは「歌手」とか「サッカー選手」とか職業を言うのに対して、アメリカの子どもは「歌手になって世界中の人を感動させる歌を歌いたい」とか「サッカー選手になってオリンピックで活躍したい」と必ず何か付録がつくのです。子どもの頃から「人生は続いていくものだから、その先をどうしたいのかをいつも考える」ということがなんとなくでも理解できているのです。日本の親御さんもこのへんのことを注意して、これからは子どもが将来の夢を語るときには「どうしてそうなりたいの？」とか「それからどうしたいの？」と質問してあげるといいと思うのです。そうすることによって子どもの可能性がどんどん開けていくからです。自分の未来を聞かれて職業だけ言って終わりという寂しいことは、もうそろそろやめたほうがいいと思います。

大人だって同じです。私たちは連続した瞬間の中に生きていますから、何かひとつの行動や事象がいったん完了したように見えても実はそうではなく、必ずそこからどこかへ続いていています。ですから私たちは、そこに隠れている見えない「そこから先」ということをもっと意識するべきなのです。

11

何かをしたければ、何かをしなければいけない

「これがしたい！」ということは、今の自分にすぐ始められることではありません。たとえば、人気歌手が「ステージで歌ってみたい！」とは思わないはずです。そうするのがその人のノーマルな状態ですから。これが「自分は歌手だけど、ゴルフでUSオープンに出たい！」と思ったら、その瞬間からやるべきことは山ほど出てきます。道具を準備しコーチを頼み、練習場所も必要です。これらをしなければやりたいことはできないからです。だから、やるべきことをせずに「何かしたいな」と考えているだけではだめなのです。言ったままで終わらないように。

12

どんな人も、始めはでたらめである

太陽が東から昇るのと同じくらいあたりまえなことなのに、いざ自分が何かをするときにはすっかり忘れてしまうのが、私たちの不思議というか面白いところです。名シェフと言われる人の最初の料理だって、名ピアニストと言われる人の最初の演奏だって、今から思えばみんなでたらめに近かったはず。だから私たちも三歳児が初めて何かをするときの気持ちでチャレンジしていいのではないでしょうか。「なぜ自分がこれをやるのか」という哲学さえもっていれば、そのでたらめはでたらめのままで終わることはないはずです。なんでも始めてみることが一番重要なのです。

13

年をとることの楽しさ、楽しみ方を知っている人は少ない

年齢を重ねるということは、それだけ体験や経験が多くなるということ。だから、本当は若い人よりも人生を楽しんでいないといけないのに、どうも日本人の大人はそういうのがヘタなような気がします。どんどん自分にお金をかけて、若い人たちに「ああいうふうに生きてみたい」と思わせなければだめなのです。自分たちがつつましく地味にして、子どもにはお金をかけようとする親御さんがいますが、私に言わせれば逆効果です。子どもは親の言うことは聞かない代わり、親のやっていることをまねするのです。ふだんから夫婦そろって映画や芝居に行ったり、美術館に通ったりし

ていれば、子どもは自然とそれに習います。まず大人が人生の手本を見せなければいけません。死ぬまで自分を磨く努力をするのです。

年をとるのは嫌だと思っている若い人が多いなら、それは明らかに私たち大人の責任です。たった今から、ただ年だけ無駄にとっていくということをやめましょう。流行遅れの中古品のような人生ではなく、一流のアンティークのような人生を送るのです。その時代のロマンの香りやいくつもの物語という付加価値のついたアンティークに。

欧米の人を見ていると、大人のほうがカッコいい人が多い。何歳になっても楽しいことを見つけるのがとても上手な気がします。

晩年のダ・ヴィンチが言った言葉で「スペンデレベーネ」というのがあり、直訳すると「お金をうまく使った」という意味ですが、「充実した」という意味もあるそうです。私もこれをモットーにしたいと思います。

14

人を理解するほうが、仕事を理解するより一〇〇倍うまくいく

この世で人というものを無視して仕事をするのは、とても難しいことです。ふだんひとりで作業をするような仕事、たとえば作家や画家、コンピュータプログラマーだって、その向こうに必ず人が存在するのですから。だから逆に、仕事の周辺の人を理解すれば、仕事そのものを理解するよりも効率がいいことが多いのです。

たとえば、私が陶芸をしているとしましょう。ひとりで山奥にこもって自給自足で暮らし、毎日土をこねて暮らしていたら、人はそこに関わってこないかもしれません。ところが、私が「個展を開いて、自分の作品を売

りたい」と思ったら、その瞬間から人は関わってきます。たとえば、個展の手配をしてくれるキュレーター。その人の性格やものの考え方を理解していないと、途中で何かトラブルがあるかもしれません。そして逆のことも言えます。その人のことをよく理解していたら、仕事を進めるうえで何かとスムーズにいくことでしょう。

会社の取引先との交渉で、あなたが完璧な説明をしたとしても、相手の責任者の気に入らなかったら意味がありません。ですから、その責任者のものの考え方や好みなどをあらかじめ理解したうえでの説明が必要になってくるというわけなのです。

仕事のしくみより、人のしくみをわかること。これがうまくいくコツなのです。

15

目の前のスープがおいしいかどうか知るには、とりあえず飲んでみることである

私は、世の中のすべてのことは、やってみなければわからない、やる前からわかることはないと思っています。一見して、自分にはできなさそうなものや未経験のことだって、やってみたらできるかもしれないことがたくさんあると思います。逆に、誰でもできそうなことやいつもやっているようなことだって、やってみたら今日はできなかったということもあると思うのです。だから私は、何かやる前にああでもないこうでもないといつまでもぶつぶつ言っている人の背中を押すために、よくこう言うのです。

「目の前にスープがあったら、実際に飲んでみなければ味はわからないで

しょう。飲む前に味を想像するのになんの意味があるの」と。ここでためらう人の心理としては、「やってみてできなかったらどうしよう」ということ。つまり、「飲んでまずかったら嫌だ」ということです。でも、失敗を恐れていたら成功はつかめないというのは1＋1＝2と同じくらいわかりきったこと。ここはぜひ、「飲んでまずかったらどうしよう」ではなく「飲んだらおいしいかもしれない」という発想に切り替えてほしいと思います。それから、たまにちょっとへそ曲がりな人もいて、「できるに決まってるから」と、自分ができることにもあえて手を出さない人もいます。これはとても危険なことです。というのは、自分の能力はいつまでも同じではないからです。ふだんから使っていればさらにアップしますし、使わなければ目減りします。何もしないうちに何かを決めるのは怠惰というもの。とりあえずやってから決めればいいのです。

16・「もう一回」は最高のほめ言葉

物事を称賛したり絶賛したりする言葉はいくつもありますが、この「もう一回」というのは、そのなかでも一番シンプルで強力で純粋なほめ言葉だと思います。簡単な言葉なのに、そこにはウソが混じる余地がまったくない。よけいなことを説明しなくても理屈抜きでよくわかるのです。

「もう一度行きたい」「もう一度食べたい」「もう一度聴きたい」「もう一度見たい」。なんでもいいのですが、これには単なる好き嫌いを超えたパワーがあります。これが単なる普通のほめ言葉だけで終わるなら、「とてもよかったけれど、もうこれで十分」ということです。だから私は自分が本当に気に入ったものはすぐに「もう一回」と言うことにしているのです。

先日もあるイタリアンレストランでこれを言いました。そこは私のお気に入りで、行ったあとにすぐ「また行きたい」と思ってしまう店なのですが、そこには私がついいつも頼んでしまう料理があります。トマトの冷製パスタなのですが、ほかにもたくさんおいしい料理があるのに、「あれをまたお願いします」と言ってしまい、お店の人に笑われてしまうのです。

私が人から言われても最高にうれしいほめ言葉なのはいうまでもありません。講演で「とてもよかったです。もう一度聞きたいです」と言われたら次の講演はもっといろいろな話をしようとはりきりますし、仲間と一緒にテニス大会やボウリング大会をして「楽しかった。また参加したい」と言われたら、次は何を企画しようかとウキウキしてきます。もう一回言われたいと思ってしまうほめ言葉、それがこの「もう一回」なのです。

17

本気でなければ、それはただの「ごっこ」である

何かをするときに、ちょっとうまくいかないことがあったり、小さなことでつまずいたりしたときに、すぐに自分から引いてしまうことはありませんか。そんなときは「あ、自分はまだ本気じゃないんだ。『ごっこ』なんだ」と気がついてほしいと思います。

どんなに頑張っても、変えられないことやあきらめなければならないことはあるかもしれません。でも、それと同時に、どうしても変えたい、あきらめたくないこともあるはずです。それは「ごっこ」をしているかぎり手には入らないのです。

18

世の中には、変わるもの、変わらないもの、変えてはいけないもの、そして変わらなければいけないものがある

たとえば時代というものは、私たちが好むと好まざるとにかかわらず、変わるものです。友情や信頼は、変えてはいけないものです。では、変わらなければならないものは何かというと、それは自分の環境であり、生き方です。あなたが今いるその場所よりももっといい場所というものはつねにどこかに用意されています。それは私たちが成長するからです。それまでの自分のいいところは何があっても変えない勇気と、もっといい自分に変わろうとする勇気。この二つの勇気をもつことで、あなたはすばらしい人生を手に入れることができるのです。

19

困ったことの解決方法は、困った考え方をやめることである

小さなことで大騒ぎしたり、ショックを受けて落ち込んだりする人がいます。でも話をよく聞いてみると、会社が倒産しそうとか親が危篤だなどといった本当に大変なことならまだしも「なんでそんなことで困るの」と思うようなことがほとんどなのです。もっとも、そういう大変なことが起こったら「困ってるんです」なんて言っている場合ではありませんが。ということは「困ってるんです」と言えるうちは、その困った考え方をやめればたいていは大丈夫なのです。

このあいだも、「財布を落として困ってるんです」と言ってきた人がい

て、その困った考え方をやめさせるために私が言ったことは「財布を落としたことによって起きるいいことを五つ考えてみる」でした。

そのとき一緒に考えたのは、①くやしさのあまり、中に入っていたお金のぶんを取り戻そうと一生懸命働く、②お金に困って自殺を考えていた人が、中のお金で助かったかもしれない、③たまたま自分にとってよくない財布で、早く替えなければいけなかったのでいい機会だった、④その財布を落としたことで過去を捨てることができた、⑤最近何かバチが当たるようなことをしなかったか考えるきっかけになった、です。かなり力技かもしれませんが、こうして五つくらい考えたときに、困った考え方はもうどこかに行ってしまっているはずです。

長い人生、このくらいの発想でいたほうが何かと楽なのです。

20

今一番じゃない人にも、一番の人にはないすばらしいものがある

これは以前訪れたフランスのシャンパーニュ地方にあるレストランのスタッフが私に言った言葉です。そのときそのレストランはミシュランから星を一つもらっていて、料理もサービスも雰囲気も申し分なかったのです。でも彼らはさらに上をめざしていて、「今は三ツ星じゃないけれど、三ツ星のレストランにも負けない自信があるのが、いつか三ツ星をという情熱です」と言ったのです。まったくそのとおりです。ふだんから仲間を「今成功していなくても、これから頑張れば、今成功してる人よりももっと成功するかもしれない未来があなたにはあるんだから」と励ましている私に

は、それがよく理解できたのです。

実際、私と同じビジネスを始めたばかりの人でも、私にないものをもっています。それは「いつか薫さんのように」とか「いつか薫さんを超えたい」というはっきりとした目標と未来への情熱です。別に私に情熱がないわけではありませんが、ある意味、私も自分を追い越すつもりでやらなければ、と考えさせられることがあります。人間は何かひとつで一番になると、ほかのことも一番だという錯覚を起こすこともあります。自分がそうだとは思いませんが、そうならないように、今一番じゃない人たちの情熱を見習いながら、これからもっと頑張ろうと思っています。それに、私はたまたまこのビジネスでは一番ですが、たとえば五番目の人や二〇番目の人、一〇〇番目の人はほかのことで一番のものをもっているかもしれない。こういう大事な事実も忘れないでいたいと思うのです。

21

自分のつじつまは人生のどこかで合わせればいい

これは小さい頃、勉強が嫌いだった私に業を煮やした担任の先生に向かって、私の母が言った言葉です。勉強しろと私を叱《しか》るわけでもなく、先生に必要以上に謝るわけでもなく、ただ静かに「申しわけありません。でも、薫のつじつまは人生のどこかで合わさせますから」と言っていた母の姿を今でも覚えていますし、感謝しています。おかげで私は社会に出てから仕事で成功し、つじつまを合わせることができました。

人にはそれぞれ、その人に合った人生があります。何かうまくいかないことがあったときは、それが自分の本当の居場所を知るきっかけになるかもしれません。私が作曲の仕事をしているときも、こんなことがありました。新人女性デュオの曲を頼まれたのですが、できあがって歌わせてみると何度やっても二人が合わない。事務所のほうでも困っていたのですが、ふと私は、彼女たちをそれぞれソロでやらせてみようと思ったのです。そして試しに一人ずつ別の曲を歌わせたら、そのほうが歌いやすそうでずっといいし、それぞれの個性が光るのです。あそこでむりやり二人を組ませようとしなくて正解でした。ほかにも、細かい仕事が苦手でいつも失敗ばかりしていた経理部の社員が人事異動で営業部に配属になったとたんに、そのちょっと抜けたところが逆にお客様に好かれ、営業マンとして部内でもトップを争うほどになったという人も知っています。

自分を枠にはめず、自分に合った場所を見つける。これは人生の目的の大切なひとつではないかと思うのです。

22

「あなたのために」という その心意気がうれしい

私は「心意気」という言葉が大好きです。そこにはプロとしての誇りと自信があるような気がします。この心意気を感じる機会はときどきあるのですが、最近ではこんなことがありました。

仕事で福岡に行ったときです。ホテルの私の部屋でミーティングをしていて、一段落したので夕食にしようということになりました。そのホテルにはKという寿司屋が入っているのですが、私はそこのお寿司が大好きで、福岡に来たら必ずと言っていいくらいそこに行き、好物を握ってもらうのです。でもその日は一〇人近く集まったミーティングで、Kには入りきれないから店に行くのはあきらめてルームサービスを頼みました。したがって、自分の好きなものを握ってもらうということはできず、何種類か用意してあるセットメニューから選ぶことになります。さてお寿司が運ばれてきたので食べようということになり、ふと、一人前だけ入れ物が違うことに気がつきました。すると脇に小さな紙が貼ってあり、「中島薫様」と書かれています。よく見るとその中のお寿司は、いつも私がKで頼む私の好物ばかりだったのです。なんとお店のほうで「人数が多くて来られないのなら持っていってあげればいい」と思って、わざわざ私のいつものメニューを再現してくれたらしいのです。この心意気にはしびれました。「あなたのために」ということにこだわるプロの仕事ぶりを、私も見習わなければならないと痛感したのです。

23・まずアピールする

何かする前に、結果を自分で決めてしまって、それで終わりにしてしまうことはないでしょうか。こちらで決めることではなく相手が決めることなのに、勝手にだめだと決めつけてしまうことで、物事を本当にだめにしてしまうのはもったいないことです。

先日、つくづくこのことを実感したあるエピソードがあります。今年の初めに海外のビジネス仲間と新年会をしたとき、私たちの共通の友人の誕生パーティーを開こうという話が出ました。彼にはいつも本当に世話になっているので、何か感謝の気持ちを表したいと思ったのです。でも、彼にはその日に人と会う大事な約束があり、それはどうしてもはずせない約束だということを私はたまたま聞いていたのです。それで彼らにそう言ったのですが、彼らは納得しませんでした。彼らの言い分としては「私たちはとにかく彼に『来てほしい』ということを伝えたい。それでひょっとしたら来てくれるかもしれないし、だめだと言われてもそれはそれで構わない。まず私たちの気持ちを伝えてから彼に判断してもらいたい」。それでみんなでメッセージビデオを作ることになったのです。

彼らがビデオカメラに向かって「絶対来て!」「お願い!」と大騒ぎしているのを見ながら、私は自分が「彼は来られないと言っていた」という事実に惑わされて、勝手に可能性を否定してしまっていたことに気がつきました。彼らの言うとおり、こちらがアピールしたら判断はあとで向こうがするのです。勝手にあきらめない。私はまた大事なことを学びました。

24・「ありがとう」と毎日言える自分になる

私が一日のうちで一番よく使う言葉は、ひょっとしたらこの「ありがとう」かもしれません。私はこの言葉が大好きなのです。昔よりも、ビジネスで成功してからのほうがもっと好きになったような気がします。それは、成功するほど、いろいろな人に支えられていることに気づくから、自然と感謝の気持ちが起こり、口から出てしまうのだと思います。

私は自分の会社をもっているので、ふだんから社員に用事を頼むことが多い。だから「ありがとう」と言う機会も多くなります。コピーをとってもらって「ありがとう」。お茶をいれてもらって「ありがとう」。自分が頼んだときでも、相手が好意でやってくれたときでも、役割分担してお互いさまのときでも、相手がそうするのを「あたりまえ」と思ってはいけないので、それを自分に確認するためにもいつでも「ありがとう」と言います。言われて怒る人はいませんし、逆に感謝の気持ちを表すことでお互いの関係ももっとよくなります。

それから、これは私だけかもしれませんが、嫌なことがあったときにも「ありがとう」と思うようにしています。というのは、私は基本的に、嫌なことがあったら、きっとそのぶんいいこともあると思っているからです。だから何か嫌なことがあったときは、もう先回りして「ありがとう」と言っておくのです。ですから最近は、何かハプニングやトラブルが起こるのも楽しめるようになってきました。「ありがとう」、この魔法の言葉を、今日あなたにも贈ります。

25

人間は気が変わるものだということを忘れないでいよう

どういうわけでこんな簡単なことをふだん忘れてしまっている人が多いのか謎《なぞ》ですが、私たちは割としょっちゅう気が変わります。朝、一度着た服を別のものに替えたり、お昼ご飯はカツどんにしようと思っていたけれど、隣の席の人が食べている天ぷらそばがおいしそうだったのでそれにしたり、友達に電話をしようとして、やっぱりあとでかけようと思ったり。あるタレントがテレビで、昔はちっともかわいいと思わなかったスヌーピーを今はすごく好きだと言っていたのも聞いたことがあります。私も、知り合いから辛子色のシャツをもらって、着慣れない色だし自分には似合わないと思って袖を通さずにいました。ところが街で同じような色のシャツを黒と合わせて着ていた人がいて、それがすごく素敵だったので自分でもやってみました。そうしたら自分でも驚くほど映えるということがわかったという経験があります。昔はクラシックなんてまったく興味がなかったのに、今は好きになってモーツァルトばかり聴いているという友人もいます。ふとしたきっかけや環境、好みによって、人間の気なんてくるくる変わります。だから「あの人はこうだ」ということだけで決めつけていると大やけどをします。情報のアップデートはつねに必要です。

よくセールスなどでも「断られることからスタート」と言います。「ノー」というのはあくまでそのとき、その場での答えです。これが「イエス」だとしても同じです。いったん「イエス」で、あとで気が変わることもあります。このことを忘れないでいると、楽に生きられます。

26
最悪の状況だからこそコミットする

仲間や友人が、何かうまくいかなくて悩んでいたり、目的がなかなか達成できずに煮詰まったりしているときに私が言うのが「コミットしましょう」です。私の周りではもうすっかりおなじみの言葉ですが、なじみのない人のためにちょっと説明すると、「自分自身に、自分の未来に約束すること」と言えばわかりやすいと思います。辞書を引くと「確約」「義務を負う」とたいそうな文字が並んでいますが、私は簡単に「約束」というニュアンスで使っています。でも、言葉自体は簡単ですが、実際は簡単なことではありません。コミットとは、自分が決めたことに対して、実現するまで何があっても途中であきらめずに、絶対やりつづけると誓うことなのです。だからたとえば単純に「ダイエットして五キロやせる」とか「テニスの大会で優勝する」という目標を語るだけではコミットしたことにはなりません。本当のコミットとは「五キロやせるまであきらめずに頑張る」「優勝するまでとにかくやりつづける」というふうに、「そうなるまでやる」と自分にあらためて約束することなのです。

自分に約束をするというのは、一番簡単そうに見えて、実は一番難しい。ちゃんとやっているのかいないのかを、自分だけは知っているのですから。最後まで自分自身に恥じないように努力することを誓う。この決意が、前に進む力をあなたにもたらしてくれるのです。くじけそうになったり投げ出しそうになったときに「自分はコミットしたんだから、ここで自分を裏切ってはいけない」と思うことで、また頑張ることができるのです。

27

コミュニケーションとは、単に言葉や情報ではなく、思いを伝えることである

言葉というものは記録するために使われる記号のような役割と、自分の気持ちを伝えるときに使うエネルギーのような役割とがあります。記録のためというのは、主に書き言葉として使われるときです。誰が読んでもわかるように、正確に過不足なく使われる必要があります。ところが思いを伝えるのに話し言葉として使われるときは、書き言葉ほど正確さには神経を使わなくてもいいのです。もちろん正しい言葉遣いをするのに越したことはないのですが、一番の目的は自分の思いを伝えることですから、大事なのはどういうメッセージをそこに込めるかです。

たとえば赤ちゃんが消しゴムを口の中に入れようとしたときに、お母さんは「こら！」と注意します。それで赤ちゃんは「あ、これはいけないんだな」と気づくのですが、そのとき赤ちゃんは「こら！」という言葉からそれを理解したわけではありません。お母さんの声の調子と雰囲気や表情で、これはだめなんだとわかるのです。だから、英語がうまいのに外国人とコミュニケーションがとれないという人は、文法や発音にこだわるあまり、メッセージが伝わっていないのだし、逆にものすごいブロークンでほとんど単語だけしかしゃべれなくても、なんだか気持ちは通じているという場合もあります。これは思いが伝わっているのです。私も英語はできませんが、外国に友人がたくさんいます。それは「会えてうれしい！」とか「今日は楽しい！」ということを伝えようといつも努力しているからだと思います。さて、あなたの思いはちゃんと伝わっているでしょうか？

28 なんにでも戦略は存在する

仕事でも人づきあいでも恋愛でも「戦略」というものは確実に存在します。たとえば、自分の会社の商品のよさをいかにうまく説明できるか、これも立派な戦略です。この場合の最終目的はもちろん「その商品を相手が買ってくれること」です。でも、そこを強調しすぎると「この商品がどうよくて、なぜ買ってほしいのか」が相手に伝わらなくなってしまい、本末転倒です。そうならないための戦略で、「準備」や「作戦」と意味はほぼ同じです。私がいつも「人生はプレゼンテーション」と言っているように、戦略とは、メッセージを正しく伝えるための手段なのです。

29 努力していることをオープンにする

何かを隠そうとすると逆にそこに注意がいってしまうことがあります。するとよけいな力が働いて、うまくいくものもいかなくなることがあります。だからオープンにするのです。特に、努力は隠さないほうがいいと思います。見せびらかす必要もありませんが、不必要に隠すこともありません。だいたい、何かの目的のために努力するというのはある意味あたりまえのことなのですから、あたりまえのことはあたりまえにしておいたほうがいいと思います。そのほうが協力者も出てくるし情報ももらえるし、結局は目標達成への近道なのです。

30

ホトトギスが鳴かなくても困らない自分になる

私はよく物事に執着したりこだわったりする一方で、いざというときにはすっぱりとあきらめてそこから手を引くのも早いのです。でもこれはただの「気分屋」などとは違います。ベースにあるのは「自信」なのです。それは「基本的に、何があっても大丈夫」ということです。

自信は成功の第一の秘訣《ひけつ》ですから、まず自信をもつことが自分の成功を左右するのです。もちろん、ただいたずらに根拠のない自信だけをふりかざして大風呂敷を広げろと言っているのではありません。成功するためにはそれなりの努力が必要です。やるべきことをやり、それに対して「自分のできることは全部やった」と思えるような自信をもつということが大事なのです。つまり、そういう自信がもてるくらいまで努力するということがミソなのです。というわけで私はいつも自信をもつに値するほどは自分のするべきことをしていると思っているので、自分がやるだけのことをやってそれでだめならしかたがない、とあきらめられるのです。

織田信長と豊臣秀吉と徳川家康の三人の性格を表すホトトギスの例は有名なのでみなさんもご存じだと思いますが、ホトトギスが鳴かなかったら斬って捨てる信長や鳴かせてみせようとする秀吉、そして鳴くまで待つ家康と比べて、中島薫は鳴くホトトギスを探すのです。今いるホトトギスが鳴かないと困るということはないからです。別のホトトギスを探してきて鳴かせるからいいのです。そういう自分でいつもいたいと思っています。

31・「わざと」の現象は必ず起こる

「どうして今日に限って」「よりによってこんなときに」と思うようなことが起こるときがあります。たとえば、前日まで元気だったのに、試験の当日に熱を出して寝込んでしまったり、早く帰ろうと思っていたら、残業を言いつけられたり。誰にでも経験があると思います。これを私は「『わざと』の現象」と呼んでいます。何か起こったとき、そこであわてず「ほら、やっぱりね」と開き直ることで、その出来事に足をすくわれないようにするのです。

ここで注意したいのは、「いつも物事はうまくいかない」と思い込まないようにすることです。たまたま一回だけ傘を持っていないときに雨に降られたからといっていつもそうなるものと錯覚してはいけません。

先日、私にも「わざと」の現象が起こりました。別々の友人から「野球を見に行こう」「歌舞伎を見に行こう」と誘われていたのですが、両方のチケットの取れた日が、なんと同じ日になったのです。ほとんど毎日のようにやっているプロ野球と、一か月くらいやっている歌舞伎と、同じ日になるのもすごいことですが、私は「こうなるんじゃないかと思ってた」と開き直りました。そのとき、よく見たら開始時間がずれていたので、なんとか二つとも行けそうだということに気がつきました。もしもここで「どうして!?」とあわてていたら、それにも気づかずに、どちらか一方を断っていたかもしれません。これもふだんから「こういうことは起こる」と予防接種をして、免疫をつけているおかげでしょう。

32

時間を上手に使うには、まず何かを決めることが大切

私は「何かを決めないと時間はつくれない」と思っています。たとえば、今日二時から会議があると言われれば、それまでに支度をして資料をそろえるということがまず決まる。それが決まると、じゃあその前に打ち合わせを終わらせるとか、次々と予定が決まっていく。何も予定が決まっていないほうが時間がつくれると思うのは間違いです。それはただ時間があるだけで、使うことにはならないからです。

決めたことによってしなければいけないことが出てきて、その合間にほかのことをちりばめていくから時間の使い方がうまくなるのです。何も決

まっていない人はただヒマなだけです。そしてこういう人は、時間をやりくりするヒマはないというのが面白いところです。時間を動かす人と時間に動かされる人の違いは、決めるか決めないかなのです。

それにいろいろ決まるとそれに沿っていろいろな心理状態も発生するから、精神的にも人間的にもメリハリが出てきます。

同じ一時間でも、だらだらしていたら何も残らないままあっという間に時間は過ぎてしまいますが、何かを決めて動くと使いがいのある時間が過ごせます。時間の密度が濃くなるのです。

時間を上手に使える人は物事を効率的に処理できるということですから、仕事でも人づきあいでも、ふだんの生活でヒマな人よりは少し得をすると思います。どうせなら損をするより得をしたほうがいいでしょう。さっそく何かを決めてみませんか。

33

一〇〇人の人が薔薇を「薔薇じゃない」と言っても、それは薔薇である

他人の意見を聞くのはもちろんとても大切なことですが、自分の意見をもち、「私はこう思う」ときちんと言えるというのもとても大切なことです。それは自分の選択や決定に自信と誇りと責任をもつということです。

こう書くとなんだか大変なことのようですが、実はそんなことはありません。必要以上に他人に振り回されない自分でいるということです。

たとえば、自分の好きな音楽を、周りの人が「いいと思わない」「好きじゃない」と言ったとしても、あなたが「そうかもしれない」と自分も好きじゃなくなるということはないはずです。

そういえば、先日こんなことがありました。南青山で友人たちと一緒に『NOBU』というレストランで食事をしようということになり、入り口で案内されるのを待っていたら、別の友人のAさんが入れ違いで出ていったのです。それで「今Aさんがいたよ。偶然だね」と言いました。すると彼らは「そんなはずはない」と言うのです。「でも、たしかにAさんだったけど」と言うと「だって、Aさんは今出張で香港だよ。だから見間違いだよ」と言うのです。私は「絶対にAさんだった」と思ったのですが、これ以上言ってもしかたがないのでその場はそれでやめました。しかし、帰国してからAさんに電話したときに「何月何日に南青山の『NOBU』にいなかった？」と聞いたら、「いた」との返事。なんと予定が変更になり、南青山にいたそうなのです。ときには「誰がなんと言っても自分はこうだ」ということをもつのも必要なのです。

34

「できない」と思うのは単なる錯覚である

みなさんが「できない」と思うのは、ほとんどの場合錯覚です。できない気がしているだけで、できます。大丈夫です。統計をとってデータを集めたわけではありませんが、「できない」と言って本当にできなかった確率というのはかなり低いと思います。というのは、「できない」と言う人は往々にして、やる前から言うことが多い。「やってみたけどできなかった」と言うのなら話はわかりますが、やる前から「できない」とはこれいかに、という感じです。だから私は「できません」と言われると、「やってみた？」とまず聞くのです。するとたいてい「いいえ、でもできないと思います」と答えるのです。まるで禅問答です。それは自分が勝手にできないと思っているのであって、実際にできないのとは違うということになぜ気がつかないのか不思議です。それに、「やったけどできませんでした」と答えるのも、私はあまり信用していません。その場合、ちゃんとやらなかっただけということが多いからです。たとえば「これをデジカメで撮って、メールでAさんに送って」と頼んで「やったけどできません」と言われたら、これも「できます」です。これはその人の能力に余ることでもなんでもなく、ただ正しい手順を知らなかったのでうまくいかなかったわけで、できないのとは違うのです。誰もあなたに「今から北極探検に行ってください」とか「今から太平洋を泳いで横断してください」なんて言うわけがないのですから、普通のことで「できない」と言うのがいかにあてにならないことかわかるはず。こんな錯覚にだまされてはいけません。

35 プロフェッショナルであるということは、シンプルであるということ

プロフェッショナル＝シンプルというのが私の印象です。シンプルというのは基本でありながら、一番重要で一番難しいことだと思います。

たとえば、説明の上手な人は、大事なことだけを簡単にわかりやすく教えるのがうまい。これは本質をつかみとる力がすぐれているのです。

私が新居に越してから、家についての取材が来るようになりました。それは建築雑誌だったりビジネス雑誌だったりファッション雑誌だったりといろいろですが、決まって言われるのは「空間といい調度といいシンプルですね」ということです。派手に豪華にしようと思えばいくらでもできた

のですが、私はよけいなものをいっさい排除して、シンプルということを追求したかったのです。以前作曲の仕事をしていたときのことを思い出しても、名曲といわれるもののメロディーラインはほとんどすべてがシンプルでした。よけいなものがないほうが強く印象に残るのです。ビジネスでも「ニュース性」ということを重要視します。それはそのものを表す強力なフレーズがあるということ。車のボルボなら「こわれにくい」という点です。

シンプル＝簡単とはいえますが、でも簡単＝シンプルではないのです。なぜなら、シンプルさを保つのは難しいからです。いつか、あるうどん屋の大将がこう言っていました。「うどんを打つのは毎日同じ作業ですが、同じ味を保つのは難しい。だから絶対に手は抜けないのです」。これこそプロフェッショナルの言葉です。シンプルは本物への第一歩なのです。

36

リーダーとは、メンバーの役に立っている人のことである

一般にリーダーと言うと、指導者とか、トップとか、とにかくグループの頭に立っている人をさすようです。でも、私はここを気をつけないと、グループの働きがうまくいかなくなると思うのです。

「リーダー」とは文字どおり「リードする人」ですが、でもひとりで勝手にリードしても、うしろがついてこなければ意味はありません。ではどうすればついてきてくれるのかというと、それはみんなの役に立つということ。自分がいかにみんなのためになっているかということなのです。

会社の上司の方で「部下が役に立たなくて」とこぼす人がいますが、そ

れは間違いです。まずあなたが部下の役に立たなくてはいけないのです。部下よりも仕事ができて、部下の役に立つからこそ上司になっているのです。ですから、部下があなたよりも仕事ができないのは当然だと思うくらいの余裕と、それに協力してあげようというやさしさをもって、部下が成果を出せるように手伝ってあげるのが上司の役目なのです。これがうまくできるようになって初めて、本当のリーダーと言えるのです。そうなったら、部下は会社のためには頑張らなくても、あなたのためになら頑張れると思うかもしれません。これって、一番カッコいいリーダーのあり方だとは思わないでしょうか。

部下がいなくても、たとえば誰かに何かを教えたら、その人にとってあなたはすでにリーダーです。その瞬間からその人のためになるようにということを考えなくてはいけないのです。

37 自分は自分でしかない

そう、自分は自分。それ以外の誰でもないし、それ以上でもそれ以下でもないのです。言ってみれば簡単なことなのに、なぜか私たちはいつもこのことは忘れてしまいます。それはたぶん、自分と自分以外の人をつい比べてしまうからなのだと思います。もともと私たちはどんな境遇にあってもそれなりに幸せだと思うことのできる動物なのに、他人と比較することによって、人をうらやんだりねたんだり、自分を卑下したりするのです。

他人と自分を比較するということは、私に言わせれば時間の無駄でしかありません。それは他人に振り回されることですから、そんなくだらないことはすぐにやめて、自分のために用意された人生の時間を有意義に使わなければいけません。違う人生を生きているほかの人たちと、本当の意味での同じ土俵では闘えないということを知りましょう。

そういえば、ブルース・ウィリスがCMでこんなことを言っていました。「逆立ちしたって、私はグレッグ・ノーマンにはなれない」。これは彼がゴルフをすることで学んだ教訓です。そのとおり、私たちはほかの人間にはなれません。でも、だからといってがっかりする必要もありません。だって、ほかの人だってあなたにはなれないのです。まず、「自分である」ということに自信をもつことから始めましょう。そして、「自分の人生はオーダーメイドである」と認識するのです。私たちは、それぞれに合ったやり方で幸せになっていくのですから、自分なりの作戦が必要なのです。自分が自分であることを本当に理解するところからすべては始まるのです。

38

思いやりとは、感情と行動の両方のことである

誰かのために何かしたいと思ったり、誰かの幸せを願う心。一般に「思いやり」とはそういうものと考えられています。でも、これだけではまだ足りないのです。思ったことを自分にできる何かでかたちにする、実際に行動するということが備わって初めて、「他人を思いやる心」というものは機能すると私は思っています。自分は安全な場所にいて、他人を心配したり大変だとか立派だと思うのは簡単です。そこから一歩進んで、自分に何ができるか考えることから本当の思いやりがスタートするのです。

私は自分にできる思いやりとして、日本盲導犬協会への寄付を毎年して

います。ほかのことでもよかったのですが、たまたまあるとき日本は先進国のなかでは格段に盲導犬の数が少ないことを知りました。それで自分にできる範囲で何かしようと思ったのです。

そういえば先日、小さな思いやりを目撃しました。ホテルのエレベーターに乗っていたのですが、ほぼ満員で、私の隣には小さな女の子を連れたお母さんがいました。途中の階で止まったときに、松葉杖《まつばづえ》をついた大柄な男性が乗ってこようとしたのですが、とたんに重量オーバーを知らせるブザーが鳴ったのです。私が降りようかな、でも私が降りても彼は乗れないかもしれないなと思った瞬間、隣の女の子が降りて、それだけではなく、「ママ、早く」とお母さんも降ろしたのです。あわてて私も降りたので、その男性は無事に乗ることができました。女の子はドアが閉まるまで彼に手を振っていました。思いやりはぜひ実行にうつしたいものです。

39・この世に「絶対」は一つしかない

この世の中で一つだけ「絶対」という言葉が使えるのは「人はみな絶対に死ぬ」ということだと思います。ということは、本当は「絶対」という言葉はそれ以外のことにはうかつに使うべきではないということになります。実はその先はわからないことばかりなのですから。だから世の中は面白いとも言えます。思ったとおりにならないこともあるし、逆に予想外のことが起きたりする。それなら、誰にも絶対訪れる「死」がやってくるまでのあいだ、どうせなら私たちはいろいろなことを期待して生きたほうが得だということではないでしょうか。

40

人目を気にしすぎると、本来の自分から離れていく

「他人が自分をどう思おうと、私は私」というふうにきっぱりと生きられたらカッコいいとは思うのですが、なかなかそうもいかないのが人間というものです。周りが自分をどう思っているのか、つい気になります。でもそれが行きすぎると自分らしさが失われてしまうから注意しなくてはいけません。たまに教育熱心なお母さんなどが「あなたのためよ」と子どもにいろいろ言ったりやらせたりしていますが、これは他人の目を気にしすぎて自分たちのスタンダードがわからなくなっていることがほとんどです。また、本当は子どものためではなく、自分のためであったりするのです。

41

したことへの後悔よりも、しなかったことへの後悔のほうがずっと大きい

後悔には二種類あるのはみなさんもうご存じですね。自分が何かしてしまったことへの「やるんじゃなかった」「やめておけばよかった」という後悔と、やろうかどうしようか直前まで迷って、結局何もしなかったことへの「やっておけばよかった」「やっぱりやるべきだった」という後悔です。どちらがあとあとまで引きずるかというと、私は断然「やればよかった」、つまり「しなかったことへの後悔」が大きいと思います。

自分がしたことということのは、もう起きてしまったことで、そこに自分も関わっているわけですから、基本的にはあまりあとは引きません。でも、

しなかったことというのは自分が関わっていないわけですから「もしあのとき私があの場にいたら」とか「もしあのときこう言っておけば」と、取り返しのつかないことを延々と考えなければいけないのです。

それもやらなかったことに対して「やらないほうがいい」と判断してあえて何もしなかったのなら話は別ですが、たいていの場合は違うはず。やってだめだったのならあきらめもつきますが、やる前にあきらめてしまったのでは、いつまでも気になるものです。

私たちはほんのささいな偶然の中から自分で一つの必然を選びとって今の自分をつくります。そこにはもちろん「選ばない」という選択肢もあるのですが、あとで後悔しないためには自分なりの理由づけをして選ばないということが大切です。選んだものに意義と意味を見いだし、それを必然のものとして生きていくのは、ほかでもない自分自身なのですから。

42
乗り越えられない壁はやってこない

毎日の生活のなかで、私たちの前にある日突然壁が立ちはだかることがあります。それに出合うと、私たちは途方に暮れます。もうだめだ、とそこでうずくまるかもしれないし、もと来た道を戻ろうとするかもしれません。でも、そこから抜け出す方法はいつだってちゃんとあります。

壁はあなたが前へ進んでいるから出合う目印のようなものだと考えましょう。忘れないでほしいのは、それはあなたの壁である、ということ。誰もほかの人の壁まで乗り越えようとする人はいません。みんなそれぞれ自分の壁と向かい合うときがくるのです。あなたの壁はあなたが乗り越えられる壁です。それを乗り越えることがあなたにとって必要なことだからやってくる壁なのです。だからきっと乗り越えられるのです。

もうひとつ、意外と気がつかないのですが、壁に見えて壁ではなかったということも考えられます。たとえば、急に転勤になり、今までは七時半に起きていたのが、今度から六時半に起きなければいけなくなった。さあこれは壁でしょうか。本人にとっては乗り越えるのが不可能な壁に映っているかもしれませんが、実は壁ではありません。それは少し違う道を歩くことになっただけ。歩き方を少し変えて進めばいいだけなのです。

ここで私から奥の手をひとつお教えします。それは、壁は壊してもいい、ということ。基本的には乗り越えるものですが、時と場合によっては壊してもいいのです。そういう発想の転換も大事です。壁はあなたを試すものですが、その壁をあなたが試してもいいのです。

43

花は生き方を迷わない

どんな小さな野の花でも、命のあるかぎり太陽に向かって精いっぱい咲き、次の世代へ命を残していきます。誰が見ていようといまいと、ただ自分のゴールへ向かって生きている。そんな花を見ていると、私たち人間も自分の生きる目的や人生のゴールを決めて、それに向かって生きていきたいと思うのです。引っ越しをして、渓谷を見下ろす新しい家の庭に咲く花を眺めるたびに、この思いはいっそう強くなりました。

たかが花、と思う人もいるでしょう。たしかに、花のあるなしで生活が激変することはないかもしれません。でも、花はそこにあるだけで、生命力のすばらしさや自然の不思議を教えてくれる。小さい存在なのに、私たち人間に精神的に大きな影響をもたらしてくれる。まして、自分の生き方を知ろうと謙虚な気持ちになれば、野の花でさえもたくさんのことを私たちに教えてくれるのです。

毎朝、小鳥のさえずりで目を覚まし、渓流のせせらぎを聞きながらゆっくりと入浴し、春は桜、秋は紅葉を見ながらくつろいでいるとき、私は自然のすばらしさに感動します。動物も植物も、彼らは一生懸命生きている。そして、それとともに、自分もこの自然の一部なのだということ、私たちはこうしてこの世のすべてとつながっているということを感じるのです。私たちはこのつながりのなかで生かされているのです。

ふだんは忘れてしまいがちな大切なことを、一輪の花を見て思い出す。そういう瞬間を毎日のなかでもてるなら幸せだと思います。

44・人間として一流かどうかは、愛で測れる

ここでいう「一流」とは、人間としての質のことです。地位とか名誉とか階級がどうのとかお金をもっているいないということではありません。無償の愛というものを自分の中にもっているかどうか、これが人間としての質を決めると私は思っています。簡単に言えば、人をその本質でみられるかということですが、これは言うほど簡単ではありません。

仲のいい人や知っている人ならいざ知らず、相手が何者であろうと、男女の別も年齢も学歴も肩書も国籍もバックグラウンドも関係なく、その人の本質と対峙《たいじ》することができる。人がなんと言おうと自分がいいと思うも

のはいいと思う。つまらない偏見はもたず、あらゆる人にやさしくできる。こういう人が、人間として本当に一流だと思うのです。

たとえばマザー・テレサやダライ・ラマ一四世。彼らは人間として超一流だと思います。だからといって、何も彼らと同じことをするべきであるとは言いません。ただ、そういうことを意識して生きることが大切だと思うのです。そのちょっとした努力が自分の質を高めてくれるのです。

ダライ・ラマといえば「世界聖なる音楽祭」というボランティアのイベントを提唱しています。これまでにもアフリカのケープタウンやニューヨーク、ベルリンなどで開催されていますが、今年は広島で行われました。私が作曲した『Good-by Morning』のCDもそのイベントの一環として発売になりましたし、その縁で最近ダライ・ラマのいろいろな話を聞いたりしました。私も自分の質を高めるようチャレンジしたいと思います。

45

夢を見る。かなえようと決意する。そのときすでに、あなたはそれを手に入れている

これは、わかってみれば意外と「そうかもしれないな」と思うようなことです。まず、夢を見るというところまでは誰もが比較的簡単にできると思います。ときどき「夢って言われても…」と困ってしまう人もいるのですが、夢と言ってぴんとこなければ目標でもやりたいことでも、表現はたくさんあります。そしてその内容は人それぞれなので、別に無理に大きいことを考えなくてもいいのです。ここで注意したいのは、「野球選手と結婚できたらいいな」とか「いつかファーストクラスで旅行に行きたいな」とか、そういう「～だったらいいな」「～したいな」というのではだめな

のです。それは夢でもなんでもなく、単なるあこがれです。漠然としたあこがれというものは、ある意味何も考えていないのと同じことです。これではかないませんし、かなったとしてもそれは単なるまぐれです。そうではなくて、「私はこれがやりたい、だからやるんだ」「こうなりたい、だからなるんだ」と思えるようなことを夢というのです。そして、実をいうとそれを「かなえよう」と決意するところが一番重要なのです。

決意というのは、それがかなうまで絶対にやりますと誓い、そのためにできることはなんでもするということです。途中であきらめず後戻りせず、絶対に手に入れるということ、それが決意の真髄なのです。ポイントは実行すること。「私は夢を実現させると決意します」と言って終わっただけでは口が滑ったのと同じことで、インチキの決意です。あなたにもしも夢があるのなら、本物の決意をしてぜひそれを手に入れてほしいと思います。

46

人生、誰と出会うか、何と出会うか

生きていくうえで、どんな人と出会い、どんなものと巡り合うか、これはとても重要です。何気ない出会いが、その後のあなたの人生を大きく変えてしまうかもしれないのです。人は自分だけで自分ができていると思いがちですが、本当は自分の周りが自分をつくっているのです。

私たちは多くの人に出会い、多くの考え方に触れて、多くの場面を体験することによって選択肢をたくさんもつことができます。それは自分の力で人生をつくっていくのにとても役に立ちます。

人は人によって磨かれ、さまざまな物事に出合いそこで自分なりに考え行動することによって成長します。だから出会いによっていくらでも自分を高めていけるのです。それまで自分ができると思っていなかったことや自分に向いているとは思わなかったことも、人の意見に耳を傾けることでわかることがあります。だから臆《おく》せずいろいろなことに挑戦したほうがいいのです。

生徒にバレーボールを教えるときに、ヘディングをさせることがあるそうです。これはボールを体の中心線でとらえる技術を教えるためなのだそうですが、違う競技に取り組むとバレーでの動きにも幅が出てくるということです。スポーツがうまくなるにはほかのいろいろなスポーツをたくさん経験したほうがいいということですから、人生を充実させるにも、なるべく多くの人やものに出会ったほうがいいということだと思います。

47 得るために失うものもある

これは「覚悟」という言葉で置き換えられるかもしれません。私たちはどこかで覚悟というものをしておかないと何かを決断しなければならないときに迷ったり悩んだりめげたりするのです。

私はたいていのことなら粘り強くやり遂げるほうだと思っていますし、もちろん全力を注ぎます。でも、優先順位というものを考えて、「より大事ではない」と思うものを手放すことがあります。それはより大事なものを選択するということでもありますが、同時に優先順位の低いものを手放すことを選択するということでもあります。

両手に何かを持ったまま、その手でほかのものをつかみたいと思ったら、どちらかの手をあけなければなりません。何かを得ようと思ったら、それより優先順位の低いものを失ってもいいと思うこと、それが覚悟なのです。これをせずに、何もかも手に入れようとするのはむちゃなことです。仮にそのときに何も失わず欲しいものだけ手に入れることができたとしても、あとで必ずしっぺ返しがあります。時間がたってから思わぬところで何もかも失ってしまったりするのです。

「卵を割らずにオムレツは作れない」（You cannot make an omelet without breaking eggs）という英語のことわざがあります。オムレツをとるか卵をとるかはあなたの自由ですが、選択をするのはあなたなのです。そういう覚悟をあらかじめしておけば、いざというときのショックは少なくてすみます。

48

「困難」と「可能」は、実は同じ意味である

物事を可能にしている人たちというのは、絶対に困難を避けていません。それは、自分たちの求める可能が、実は困難の中にあるということを知っているからです。ですから、困難を避けて通ろうとしているかぎり、本当の可能はいつまでたっても手には入らないということになります。

私たちは簡単なほう、安易なほうをできれば選ぼうとします。誰だって苦労はしたくないし、つらいことや苦しいことを経験せずに目的が達せられたほうがいいに決まっているからです。でも、ちょっと待ってください。何の努力もせずに簡単に手に入るものなんて、それだけの値打ちしかない

ものです。だからといって、いつもいつも自分の限界に挑戦しろとも言いません。ただ、自分の人生の中で、「どんな努力と引き換えにしてでも、これだけは絶対に実現させたい」と思うようなことを、一つでも二つでも見つけてほしいのです。

困難には、飛び込むのをためらわせる空気があります。でも、不可能ではないかぎりそれはいつでも可能だということを知っておくと、気持ちはかなり楽になります。だから困難は可能につながる道でもあるのです。

ときどき、自分をさらに成長させようと、進んで困難の中に飛び込んでいく人がいます。それは記録に挑戦するマラソンランナーだったり、日本を飛び出して海外で活躍する野球選手だったりします。彼らはそうすることで、その困難の中からさらなる可能を見つけだし、また、仮にうまくいかなかったとしても、それ以上の何かを手に入れることができるのです。

49

夢が能力、心が能力。そして切り札は「意地」

幸福な人生を送ろうと思ったら、まず夢を見る力が必要です。そして、その夢をかなえるまであきらめずに頑張る強い心をもつことが大切です。たいていの人ならこの二つをしっかりともって頑張れば大丈夫なのですが、ときどき不器用すぎたり力が入りすぎたり、何かの拍子で空回りしてしまってうまくいかない人もいます、そんな人に私はこう言うのです。「夢が能力、心が能力。そして切り札は『意地』です。なんとしてでもここで踏みとどまって、もう少し頑張ってください」と。「意地」は最後の手段。どうしてもというときに力を発揮するのです。

50
「自分のヒーローは自分」と言えるようになろう

私たちは子どもの頃、いろいろなものにあこがれました。悪を倒す正義の味方にあこがれたり、苦労や困難に負けずに自分の人生を切り開いていく物語の主人公にあこがれたり。でも、大人になったらあこがれてばかりいるのではなく、あこがれられる存在になるのがカッコいいのではないかと思うのです。そして、人にあこがれられるのもいいのですが、自分で自分を認めてあげられるようになったらすごいと思います。「あなたのヒーローは誰ですか？」と聞かれたときに「自分自身です」と言えるようになりたいと、私はいつも思っているのです。

51

あなたの未来は、今何をしているかで決まる

あなたの現在は、いつつくられたのでしょう。そう、過去です。これまでのあなたの過去が、今現在のあなたをつくっているのです。ということは、あなたの未来をつくるのは今、この瞬間だということです。それが積み重なって、未来のあなたができあがるのです。明日のあなたも来年のあなたも、一〇年後のあなただって、今のあなたにつながっているのです。ですから、私はいつも「未来は今です」と言うのです。

この事実を把握して今を生きるということは、そのまま未来を生きるということにもなるのです。そう思ったら、今からでも自分のために何かを

貯金しはじめなければ、という気になりませんか？　お金でも知識でも技術でも、未来の自分のために用意してあげようと思わないでしょうか。

私たちが未来を生きていることはしょっちゅうあります。何かの予定を立てるときなどはそうです。旅行に行こうと思ったら、場所と日程と費用と持っていくものを考えます。それから、献立を決めてスーパーで材料を買ったときにも、未来を見ていることになります。これが何も考えずに行き当たりばったりで行動していたのでは未来にはつながりません。未来のことを考えずに今だけを生きている人には、本当の未来はないのです。本当の未来は、自分の未来を想像できる人にだけ訪れるのです。

そして、本当の未来を手に入れた人は、実は過去も変えることができるのです。過去の事実は変えられなくても、未来で幸せになれれば過去の出来事は笑い飛ばしてしまえる。心の中で過去を変えてしまえるのです。

52

豊かさの中にでもハングリーさを見つけるようにする

簡単に言えば「初心に戻るということは大切なこと」ということです。うまくいかなかったり煮詰まっているときは、もう一度原点に戻るのがいい方法のひとつです。振り出しに戻ってやり直すのは新鮮な気持ちになるし、一度自分を見直すことで、うまくいかなかった原因が見えてきたりすることがあります。そして、ある意味もっと大事なのが、うまくいったあとやうまくいっている最中にも原点に戻るということです。

人は成功すると、ときどきその前のことを無意識に忘れてしまうことがあります。そうすると自分を過信して油断したり傲慢《ごうまん》になったり、それまでの情熱が薄れたりするのです。そうならないよう、目標に向かって一生懸命だった頃の自分を取り戻すためにいろいろしかけてみるのです。

たとえば私は、昔は自転車に洗剤を積んでお客様に届けていたという友人には「そのときの気持ちを思い出すために、今度から自分のポルシェに洗剤を積んでお客様に届けてみたら」と言ったりします。

私も自分のビジネスが成功して、今は会社も経営していますが、最近また一から新しくビジネスを始めたつもりでいろいろ新しいことに取り組んでいます。自分が社長であるということをここでは忘れて、まったく新しい気持ちでスタートしています。会社のシステムの見直しをしたり、インターネットの整備をしたり、新規の顧客を開拓したりもしています。ハングリーな中に豊かさを見つけるのは簡単ですが、その反対は難しい。でもそれはとても大切なことなのです。

53

未来とは予測するものではなく、つくり出すものである

予測をするのが悪いこととは言いません。でも、予測というものにはいつでも「あくまでも」という言葉がつくと私は思うのです。つまり、予測どおりにならないことなど、山ほどあるということです。

私たちはいろいろなことについて、これからどうなるかということをあれこれ考えます。これからの日本はどうなるんだろう、これからうちの会社はどうなっていくんだろう、自分の人生はどんなふうになっていくんだろう、と。でも、この「どうなるんだろう」ということに、答えはないのです。それはもう神のみぞ知る、ということです。

大事なのは、「どうなるのか」よりも、自分がいったい「どうしたいか」ということなのです。自分の目標をもって生きていくこと、そして、その目標に少しずつ近づいていく喜びを人生の中で感じること、それが「生きる」ということのひとつの意味でもあると私は思うのです。

目標をもって生きるということは、現在を生きるだけではなく、未来をも生きているということになります。自分が設定した未来の方向を向いて、そこへ向かって生きる。これは私たち人間にだけ与えられたすばらしい能力だと言ってもいいかもしれません。

自分にとっての最高の未来をつくり出す力は、本当は誰でももっているのです。ただ、それに気がつくかつかないかということだけ。

未来とは見えないものですが、自分さえその気になれば見えてくるものだということを、いつも覚えていてほしいと思います。

54 過去は生ゴミである

みなさんの周りにもいませんか。いつも昔の話ばかりする人が。「あれはよかった」とか「こんなことがあったよね」とか、もうその次のフレーズまでこちらが代わってしゃべれるくらい、何度も同じ話を繰り返す人。こういう人は人間としての鮮度がないと私は思うのです。だから「もっと前を見て生きて」という意味で、私は「過去は生ゴミ」と言うのです。

昔を思い出すなとは言いませんが、過去はとりあえず参考にする程度にとどめておいたほうがいいと思うのです。私たちが現在を生きているかぎり、過去には戻れないのですから、ないものはしかたがないと割り切るくらいの気持ちでいてほしいのです。残高がたくさんあった頃の預金通帳を眺めても、それがなくなった今の状況が変わらないのと同じで、過去のことを今のように思ってもそれは無駄なのですから、同じ残高になるようにまた貯金を始めるしかないのです。過去のことをいつまでも引きずっていると、新しいものとは絶対に出合えません。うしろ向きで歩いていたら前から何が来るか見えるはずがないのですから。

そこで「過去は生ゴミ」です。ただ過去にとらわれるなと言ってもとらわれるのが私たちですが、これが生ゴミだと思うと、一度捨てたら二度と拾ってくる気にはならないはずです。これがポイントなのです。

もしも記憶喪失になって、過去のことが何も思い出せないとしたら、今この時点から新しく人生をつくり出していかなければならないでしょう。そのくらいの気持ちで、私たちは前を見て生きなければいけません。

55 この世はウソだらけ

こう言うと、たいていの人はびっくりします。でも「ウソ」、つまり「本当ではないこと」は、私たちの周りにはあるというのを知っておいたほうがいいのです。いつも本当でなければいけないと思って生きているとストレスがたまりやすいし、どうでもいいことにつまずいたりするのです。

よく考えると「これは本当のことではない」ということは、世の中にはたくさんあります。宝塚の男役や歌舞伎の女形だって本物の男や女ではないですし、映画のＳＦＸやＣＧも言ってみればウソです。ラスベガスのマジックショーで美女の胴体が本当に真っ二つに切れるわけではありません。

でも、そこにはひとつの世界があり、私たちはそこで舞台や映画の華やかな演技や特撮・マジックの見事なトリックを楽しんでいるはず。どううまくだましてくれるかにお金を払い、素敵にだまされて幸せなひとときを過ごすのです。だから現実でも「ウソなんてよくあること」というくらいの余裕をもっていたほうがいいのです。

先日、こんなことがありました。テレビで一〇歳くらいの女の子が演歌を歌っていました。もうCDも出しているそうですごくうまいのです。ところが、歌い終わったときに司会者が「実は、この子は男の子です」と言うのです。髪の毛が長くて色白で、声もまったく女の子なのに、本当は男の子とは！　でも、その子の歌のうまさの前ではそれはどうでもいいことだし、見事にだまされて会場の観客もただびっくりでした。こういうウソを楽しめるようになると、人生はもっと楽しくなります。

56

「次」にかける気持ちも大事

つい忘れてしまうのが、私たちには「次」があるということです。人はどうしても今起きていることにこだわってしまうため、「次」ということに疎いような気がします。一度失敗したら、次はもうないと思い込んではいませんか。失敗なんていくらしたってそれで死ぬほどのことはないはずです。だからいくらでもまたやり直せばいいと思うのです。

私もよく失敗はしますが、しぶとい性格なので黙って失敗したままでは終わりません。必ず何かをそこから学んでやろうと思っています。実際、何か失敗して「次は失敗しないぞ」と思うだけでも次に備える心構えができるから、何もしないより賢くなっていると思うのです。過去のたくさんの失敗は、結果的に知識となって残ります。私は生きていくうえで知識は強力な武器のひとつだと思っているので、武器が増えるのは大歓迎です。だから失敗してもあまり恥ずかしいとは思わないのかもしれません。

「球聖」と呼ばれるゴルファーのボビー・ジョーンズも、テレビのCMで「敗北からは多くを学んだ」と言っています。それに、たとえ失敗したのではなくても、「次」はあります。

映画についてチャールズ・チャップリンが「あなたのベストは？」と聞かれるといつも「次の作品です」と言っていたように、「次」というものに目を向けてみてもいいのではないでしょうか。

『明日があるさ』という歌もあるとおり、次にまた頑張ればいいのです。

57 どんなことでも、したことは返る

これは私が自分を戒めるためにいつも心に刻み込んでいる言葉です。何かあったとき、過去をたどれば必ず自分の起こした何かがあるからです。

先日、ロスの友人から「バリー・ボンズを紹介するから」と言われました。ボンズはサンフランシスコ・ジャイアンツの主力打者で、超一流の野球選手です。しかし野球に疎い私はそのとき彼を知らず、気乗りのしない生返事でせっかくのチャンスを棒に振ってしまったのです。あとで友人に「この日なら紹介できる」という日を何日か聞いたのですが、なぜかどの日も、どうしてもはずせない用事が入っているのです。これは私が最初の

誘いを軽視してとりあわなかった罰だと、つくづく後悔しました。ですから私はうまくいかないことがあると「何かしたかな」と考えるのです。すると、思い当たることがあったりします。

先日の引っ越しのときにも食器を詰めた箱を落としてしまい、お気に入りのヘレンドのケーキ皿を五枚割りました。「何かしたかな」と考えて、ふと、ある友人夫婦との約束を思い出したのです。彼らが家に来たときに出したヘレンドのケーキ皿をすごく気に入ったようなので、彼らのビジネスの成功祝いに同じものを贈ると約束したのです。その後彼らが成功したとき、時間がたっていたので私はそれを忘れて違うものを贈り、あとで思い出したものの「じゃあ次のときに」とまた忘れてしまったのです。ここで割るくらいならあそこであげておけばよかったと悔やんだのはもちろんです。すべて返ってくるのなら、いいことだけしておくことです。

58 やってやれないことはない

これは私が仕事をするうえでのベーシックな考え方のひとつです。ただ単に「やればできる」というよりも、「おまえはできるんだから、頑張りなさい」と励ますような響きがあると思いませんか？

それと同時に、この言葉の裏には「やれないと言っているけど、実はそんなにやってないんじゃないですか？」という問いも隠されています。

私は基本的に、人間というものはいくつかの例外を除くと、本気にさえなればたいていのことはできるはずだと思っています。なぜかというと、それは人間のしていることだからです。

数学の新しい定理を発見するとか、サハラ砂漠を踏破するとか、そういうことならかなり難しいかもしれませんが、それだって、何がなんでもやり遂げようとあきらめずに挑戦すれば、できる可能性はあることです。今までもそういう人たちが空を飛びたいと思って飛行機を作ったり、遠くの人と話をしたいと思って電話を発明しました。問題は、そこまでやるかどうか、それだけだといっても過言ではありません。ですから、私たちの身の回りのことなどは、できないほうが変なのです。

たとえば携帯電話でメールの送受信がうまくできないとします。でも大丈夫、これまでにほかのたくさんの人が同じようにやってきたことだから、あなたにできないはずはありません。「やってやれないことはない」、この言葉を信じて、やってみてほしいと思います。

59 自分の「最高」は自分で決められる

ずっと前に何かで「人間の脳細胞は二〇歳を過ぎたら減っていく」というのを読んだことがありました。そのときはそれを信じませんでした。それは医学的事実かもしれませんが、でも自分の感覚として、学んだことはいくつになっても実になるような気がしているからです。ところが最近別の本で、お医者さんが「人間の脳は四〇歳まではかなり成長し変化するし、そのあとだって成長はする」と言っているのを読んだのです。私は「これは私にもまだ可能性があるというメッセージだ」と思いました。今からでも自分の「最高」は自分で決められる、そう思うとすごくないですか？

60

注意をしすぎると、違う注意もしなくてはいけなくなる

まじめすぎたり一生懸命やりすぎる人ほど、こういう事故が起こりやすくなるようです。何かをしているうちに、関心の対象が目先のことに限定されていくのです。たとえば、出かける前に靴を磨いていたらそれに夢中になって、ほかの靴も磨きだすうちに約束の時間に遅れたりする。あるいは、お店の品物をどう並べればいいかということに一生懸命になりすぎて、お店には何を並べたらいいのかどんな品ぞろえが必要なのかを忘れて、そこにある品物をどう並べるかのほうが大事になる。何のためにこうしているのかということを、いつも忘れないようにしたいものです。

61

たとえだめでも、「今回はだめだったけれども」と言われる人になる

外野が何をとやかく言おうと、それに振り回されない自分というものを確立しておく。そのためには、まず多少の失敗でへこたれないこと。「今回はたまたまだめだったけれども、次は必ず成功させる」と思う癖をつけておかなければいけません。日本で「今回はだめだったけれども」と言ってもらえる人といってすぐに私が思い出すのはサッカーの中田英寿選手です。オリンピックのメダルをかけたアメリカとの試合でPK戦になり、中田がはずして負けてしまったのはまだみなさんの記憶に残っていると思います。あのとき私も友人たちとテレビを見ていたのですが、PK戦が始ま

る前に私が「四人目の人がはずして日本は負ける気がする」と言ったのです。友人たちは「そんなバカな」と笑い、四人目に中田が出てきたときには「中田だし、薫さんの予想はハズレですよ」と言いました。しかしどうでしょう、中田ははずしたのです。友人たちはもちろん驚いていました。でも私は「中田でよかった」と思ったのです。これがほかの選手ならその後かなりのあいだ何かにつけてそのことを言われるでしょう。でも中田なら「今回はだめだったけれども、次は」と言ってもらえる。それは彼が失敗を失敗のまま終わらせず、必ず取り返す選手だからです。ペルージャ時代に中田とルームメイトだった後藤君が私の家に遊びにきたとき「あのコースは決まっていたら誰も取れないし、あそこをねらうのは中田らしい」と言っていました。勝負をかけて誰もねらわないコースに蹴《け》る。そのための不断の努力が今の彼をつくっているのでしょう。

62

本当の落とし穴はうまくいったときにある

人間はうまくいっていないときは何をするにも慎重になりますが、うまくいっているときにはあまり警戒しなくなる習性があります。そこに落とし穴が隠されていると私は思うのです。

昔の人も「勝って兜《かぶと》の緒《お》を締めよ」などと言いました。戦に勝ったときこそ浮かれて油断しないように、ふだんにもまして慎重にしろということです。ビジネスでも、ちょっとうまくいったため油断していて足元をすくわれた例を、今までいくつも見てきました。私の知り合いが、友人と二人で新しく会社を興しました。小さな会社で、初めは売り上げもあまり上がらなかったのですが、そのうち軌道に乗って、そこそこの利益が出せるようになりました。このままいけば問題はなかったのですが、つい欲が出て、片方が「利益をきっちり半分ずつに分けるのはおかしい」と言い出したのです。彼の言い分は、自分が開拓した客のほうが多いから、というものでした。するともう片方が、そんなことを言うなら事務手続きとか商品の管理は自分が一手に引き受けているのだから自分こそ多くもらってしかるべきだ、と言い出してケンカになってしまい、結局それがこじれて会社は閉めるしかなくなったのです。

自分に責任がなくても、たとえばスポーツ選手などいい成績を出したときは周りが勝手にちやほやし、そのあと成績が下がったらこてんぱんに叩かれるというのはよくあることです。ですから、うまくいっているときにつまらない落とし穴にひっかからないよう、注意が必要なのです。

63

一円の大切さと一億円のすばらしさと両方わかる人になる

私も昔は貧乏でしたから、一億円のすばらしさがわかるようになった今でも、一円の大切さはよくわかっているつもりです。その証拠といってはなんですが、私は財布の中にあるお札の枚数よりも、小銭の枚数をチェックしてしまうのです。というのは、何か買い物をして何十何円という端数が出たときに、自分の小銭で払えないとくやしい気がするのです。以前、たまたま一五六〇円という金額を払うときに、どういうわけかそのときに限って小銭が五五九円しかなく、一万円札をくずさなければいけなくなったのです。「うわー、どうして」です。それ以来、小銭には注意を払うようになりました。それから、前にギリシャに行ったときに、小さな島のみやげ物を売る店で、きれいなポストカードを見つけました。でも小銭入れを忘れてカードしか持っていなかったのですが、そこはカードが使えない。一枚一〇〇ドラクマかそこらで、日本円で二〇円程度です。その一枚が、アメックスのプラチナカードでは買えなかったのです。また引き返してこられるような場所でもないので、泣く泣くあきらめました。ギリシャに行けたことで一億円の、つまりたくさんのお金のありがたみと、そして一円の、つまり小銭の大切さを両方学びました。

一億円は一円の積み重ねということを忘れないようにしなければいけません。ほら、一億円から一円でも引くと、もう九九九九万九九九九円という、なんだかオーラのない数字になってしまいます。お金はある意味、パワーをもっていますから、つねに感謝して使わなければならないのです。

64

言いたいことを的確に伝えられる人は、地球上にわずかしかいない

自分の考えを言葉だけで完璧に伝えるのは、かなり難しいことです。それは、自分がいくら正確に説明したとしても、相手の受け取り方がこちらとかみ合わないという場合もあるからです。簡単な言葉でも、たとえば「けっこうです」と言ったときに、それは「それでよろしいです」という意味なのか、それとも「それは必要ではありません」という意味なのか、話の流れに注意していないとあとでとんでもないことになったりします。ものの形状や色みを説明するときには絵を描いたり、場所なら地図を描いたりということはできるかもしれません。でもこれが自分の考えを相手に

伝えるとなると、大変です。自分の頭の中のことは写真にも絵にもできないのですから、こちらが思っているようには伝わらないこともあるし、誤解されることだってあるでしょう。一度でちゃんとわかってもらえるほうがラッキーだくらいに思っていたほうが精神衛生上いいと思います。

ここで覚えておいてほしいのは、それは自分が悪いわけではないということです。もちろん、相手が悪いというわけでもありません。たまたま運悪く、そのときの会話の波長にずれがあったのです。だから相手がわかるまで、何度でも手を替え品を替え説明してあげることが大事なのです。

相手の立場に立って、なるべく相手のものの見方や考え方に合わせながら、いろいろな方法を使ってわかってもらうということをもっと柔軟に考えればいいのです。伝えたいという気持ちがあれば、その気持ちは言葉を介してきっと伝わるはずなのですから。

65

相手に「どうして？」と言わせる会話ができる人が成功する

なんでもそうですが、一方通行で一方的にしゃべってばかりいる人間は相手が何をどう思っているかわからないと思うのです。ビジネスで説明をするときに、私が話すのを黙って聞いてそれで帰られるというのが一番嫌なパターンです。私の説明に参加していないということですから、このまま仕事を進める気があるのかないのかもわからない。逆にときどき「それはどういうことですか？」「どうしてそうなるのですか？」と聞いてくれるなら、それは相手がこちらに興味をもっているということですから、そういうふうに相手をリードできる人のほうが成功すると思うのです。

66

料理のレシピをいくらもっていても、作らないかぎり何の役にも立たない

学生の頃、期末試験の時間割が発表になると、その日までの綿密な予定表を作る友人がいました。科目ごとにマーカーで色を塗って、それはもうすばらしい出来です。でも、彼の欠点は、予定表を作ってしまうとそれでもう終わったような気になってしまって、実際の勉強をそれほどやらなかったところでした。こんなふうに、最初はやる気があったのに、ふとした安心が実行の邪魔をしてしまうことがあります。それは気に入った料理のレシピを手に入れたら、「これでいつでも作れる」と安心してしまうのと同じこと。実行しなければだめ。レシピで満腹になってはいけません。

67

お金をいくらもっているかより、お金で計れないものをいくらもっているか

私は自分で一生懸命働いて成功し収入もあるようになって、本当によかったと思っています。それはお金があるからうれしいということではなく、お金では買えないものがあることを知り、それを手に入れる感動を知ることができたからです。それはたとえば苦しいときから助け合ってきた友人や、これまでにいろいろなところで築いたさまざまな人間関係です。ただのお金持ちならタキシードをもっているだけですが、私はパーティーに呼んでくれる友人もいるということです。海外のあちこちに行って見た美しい景色や楽しい時間というすばらしい思い出も私の宝物ですし、ふだん忙

しく働いているからこそ味わえる、たまのひとりの時間のゆったりとした流れ方も好きです。特に、新居に越してきてからは、それまでの都心のマンションでは感じることのできなかった四季折々の変化や鳥の声の美しさ、朝の澄んだ空気のおいしさというものがわかるようになったのがとても幸せです。豊かになったからこそわかることかもしれないと、これまでに出会ったすべての人やすべてのものに感謝したい気持ちになります。

考え方ひとつで、すべてがお金で計れないものになります。それは付加価値ということです。たとえば私の好物はお茶漬けですが、それは普通に食べたのでは普通のお茶漬けです。これがお金で計れないものに変わる瞬間というのは、海外出張へ行って、向こうでゆっくり食事をする間もないほど働いて帰国し、家に着いて最初にこれを食べるときです。

あなたの「お金で計れないもの」は、どんなものですか?

68

嫌いな人からさえ何かを学べる自分でいたい

こう言うとかなりカッコいいかもしれませんが、要は「嫌いな人からでも元をとる」ということです。もともと、割と意地汚いところのある私は、これがけっこう好きなのです。だって、「なんかこの人嫌い」と思うだけで、嫌な気持ちになるわけですから、そこでストレスを感じてしまったぶん、どこかで何かを取り戻さなければならないという気持ちが働くのです。

まず、どうして自分はこの人が嫌いなのか考えてみる。似ているから嫌いなのかとか、反対にまったく違うから嫌いなのかとか。心理学に「近親憎悪」という言葉があるそうですが、これは自分と似ているから嫌い、しかも自分で自分の嫌いなところが似ているからどうしても我慢がならないということだそうです。この場合は「人のふり見て我がふり直せ」ということで、この際自分の嫌いなところを直すように努力してみるのです。

逆に、自分と違うから嫌いということであれば、それはその部分をマークして自分に取り込めということなのだと思って、新しい自分を開拓するつもりになる。要はそう思うことで自分が心理的に優位に立てればいいのです。でないと、ずっと嫌いでいるのもパワーがいることなので、エネルギーの無駄遣いです。それに、まかり間違って、その嫌いだった人を今までとは違う角度から見ることによって、それがきっかけとなって嫌いじゃなくなったり、前ほど気にならなくなることだってあるかもしれません。そうなったらしめたもの。十分に元はとったと言えるでしょう。

69
#「奇跡」とは「起こるもの」である

奇跡はしょっちゅう起きています。こう言うと首をかしげる人もいるかもしれません。それはあなたが奇跡をたいそうなものだと思い込み、「奇跡」=「ほとんど起こらないもの」というふうにインプットされているからだと思います。でも、奇跡は日々起きています。それは意外と身近で起きているし、考えているよりももっと小さなことである場合が多いのです。

ふだん、人が「ねえ、聞いて聞いて。こんなことがあったの。もう信じられない」と話すのは、それは思ってもみなかったことが起きたから話しているわけで、それもある意味、小さな奇跡と言っていいのです。なにもマリア像から涙が流れたとか、海が真っ二つに割れたということだけが奇跡ではないのです。野球の試合で、九回裏のツーアウトからの逆転サヨナラなんてよくありますし、絶対見込みがないと思っていた人が突然振り向いてくれたなどというのもあります。生物学者が以前何かの本に書いていたのですが、そもそも人間がこうして生きていること自体、すごい奇跡的な確率なのだそうです。だから私たちの存在自体がもう奇跡だということです。だから私たち自身も奇跡を起こせるのです。それは天変地異を起こすとかそういうことではもちろんありません。何かをするときに一生懸命頑張れば、ぎりぎりのところでそれがなんとかなるかもしれない、という意味の奇跡です。

そう、奇跡は起きます。でもそれを起こすには、「起こせる」と信じる気持ちと、起こせるところまでもっていく頑張りが必要なのです。

70 盗みの名人になろう

　といっても、けっして犯罪をそそのかしているわけではありません。間違ってもお店で万引きをしたり空き巣に入ったりしろと言っているわけではないので勘違いしないでください。これは人からものを奪うのではなく、いろいろな人からその人たちのいいところを盗みとれという意味です。

　一見何もいいところがなさそうな人間でも忘れずにチェックしなければなりません。というのは、不思議なことに、どんなに「嫌なやつだ」と思う人にも必ず何か一つはほかの人より抜きん出たところがあるからです。そこをいただくのです。ですから私は、ものすごく嫌な人、とんでもなく変な人に会ったときほど、その裏にどんないいものが隠されているのだろうと想像しただけでわくわくしてしまうのです。

出会う人はすべて生き方のサンプルとして研究対象にし、盗んだいいところは自分のための養分と思うくらいのほうがたくましく生きられるというものです。そう考えると、これから会う人すべてがあなたのための出会いであると言えるのではないでしょうか。それならその数が多ければ多いほど、自分に栄養がつくわけです。人間としての魅力や幅の広さがあるかどうかはこういうところで差がついてくるというわけです。

ものを盗むのはいけませんが、他人からいいところを盗むのは大丈夫です。「学ぼう」と思うと「学ばなければ」という義務感も少し漂ってきたりしますが、「盗んでやれ」と思うと、こちらが優位に立ったようでちょっと楽しくはないでしょうか。そう考えるとよけい身につくと思います。

71

チャンスはつかむもの、夢はかなえるもの

「チャンスはどうやってつかめばいいんですか」と聞かれたら、私は「チャンスかどうかはあとで決めてください」と答えています。何かをするときに「これはチャンスだろうか」と考えていたのでは、それはあっという間に目の前を通り過ぎていってしまい、出遅れてしまうのです。重要なのは、何かが自分の前に来たときにとりあえずそれをやってみる。新しい仕事でも、新しい習い事でも。するとその小さなきっかけがあとでチャンスに変わることがあるのです。自分の力で偶然を必然に変えるのです。かなえたい夢をもっている人なら、きっとできるはずです。

72

「自分」とは、一生かけて探していく答えである

この基本にあるのは、「自分はこんなはずではない」という考えです。でも、これは決して今の自分を否定するということではありません。むしろ肯定するからこそ、もっと上の自分を探し求めていくのです。現在の自分はこれで終わりでもこれがすべてでも、これで完璧なわけでもないはずです。だから「自分にはもっと何かある」と、自分の多面性や可能性を発見していく。「本当の自分はこうなんじゃないか」というところまで近づくために努力するのです。私はこれから先の自分にものすごく興味があります。その答えに一歩一歩近づいていくのがとても楽しみです。

73

「まだ始まっていない」とわかったときが、本当の始まりである

私はいつもこのことを思い知らされます。先日もこんなことがありました。取引先の方とその知人とで食事をしたのですが、そこにある会社の女性社長がいたのです。その方は、今度デンマークで見つけてきたワインストッパーを輸入販売するのだそうです。それはびんの口にとりつけると、ワインをグラスに注いだときに液だれしないというものなのだそうです。びっくりするのはここからで、このワインストッパーは今までなかったものなので、ものすごくいいものなのだとか。それで、ロバート・モンダビをはじめとするカリフォルニアのナパ・バレーにあるトップクラスのワイナリ

ーのほとんどがそれを欲しいとすぐさまオーダーしてきたというのです。

キリストの時代からあるようなワインに、二〇〇〇年の時を超えて、今カリフォルニアのトップワイナリーがこぞって欲しがるようなグッズがまだ出てくるなんて、私はちょっと信じられませんでした。しかもワインの本場のフランスやイタリアからではなくて、デンマークからというところがまた面白い。日本ではその女性社長が先駆者で、まだ誰も知らないのだそうです。もちろん私も一つ欲しいとお願いしておきました。

これからこの女性社長のビジネスがどういうふうになっていくのか、私の楽しみがまた一つ増えました。ワインに関してまだ始まっていなかったことがあったなんて、まったく世の中というものは無限の可能性に満ちているとあらためて考えさせられました。

74

成果にはすぐわかるものとわからないものがある

私は、成果には二種類あると思っています。一つは、すぐにわかるもの。結果がすぐに出るものや、目に見えるものです。たとえば、勉強してテストでいい点をとる。ダイエットして三キロやせる。取引を成功させる。ケーキが上手に焼けるようになる。これらは多少の違いはありますが、すぐにわかるものです。

もう一つは、すぐにはわからないものです。そのときはそれがあとで何かの結果に結びつくなんて夢にも思っていなかったものが、長い時間がたって、気がついたらまったく別のかたちで大きな成果になっていたということがたまにあるのです。

たとえば、貧乏でいくつもいろいろな仕事をして苦労していた人がのちに文章で身を立てることになり、昔の経験が自分の作品に大いに役立っているという知人がいます。また、アフリカの奥地に何の目的もなしに何年もふらりと行ってきた人で、言葉が通じないからずっと絵を描いて現地の人とコミュニケーションをとっていたら絵が好きになり、帰国してから本格的に絵を習いはじめて今では個展などを開くまでになったという知人もいます。こんなふうにあとになってそれが成果だったとわかることがあるのです。でもそれはぼんやりと生きていたらやってこないかもしれません。自分の時間を精いっぱい過ごしていないとそれは成果として実らないかもしれないのです。それがわかるのを楽しみに待ちながら、今日を生きていくしかないのです。

75 ナンバーワンよりオンリーワン

「一番」というのはなんでもすごいことです。そこに到達するまでの努力にももちろん敬意を払いますし、それを続ける人には感動さえします。私も自分のビジネスで一番になるまでは、「ナンバーワン」ということにとてもあこがれていました。でも、いつの頃からか「薫さんは一番すごい」と言われるより、「薫さんのような人ってもう二度と出ない」と言われるほうがうれしいようになりました。そう、「オンリーワン」にあこがれるようになったのです。

一番というのはあるルールの中で一位になったというだけで、そのときたまたまそれが私だったということだから、「一番＝私」ではないのです。だから時間がたったら誰かほかの人に抜かれてしまうかもしれません。抜かれても私は別にかまわないし、抜かれたら抜き返してもいいのですが、人生にはそれとは別の世界があるということに気がついたのです。ナンバーワンをめざし、それを維持しようとするエネルギーが、ある日オンリーワンとしての自分を磨きたいというエネルギーに変わったとでも言えばわかりやすいでしょうか。

スポーツでよく言われる言葉に、「記録に残る選手」と「記憶に残る選手」というのがあります。長嶋茂雄さんなどは「記憶に残る選手」の代表でしょう。ホームランもヒットも打点も一番多かったわけではないのに、「唯一無二の人」としていまだに人気があります。私もこんなふうに、人の記憶に残るオンリーワンでありたいと思うのです。

76

人生で一番大事なのは、自分を知ることである

「自分のことなんて、知ってるに決まってるじゃないか」と言う人がいるかもしれません。でも、それは間違いだと思うのです。「じゃあ、あなたは自分が何ができて何ができないか知っていますか?」と私が聞いたら、なんと答えるでしょうか。「知っている」と答えるのでしょうか。でも、知っているはずがないと私は思うのです。だって、「この世にあるすべてのことをやってみた」という人はいないはずだからです。

自分のことを考えてみましょう。やったことのないことのほうがはるかに多いと思うのです。そしてそれらは、実際にやってみるまで自分にでき

るかできないかは本当はわからないもの。だから生きているあいだにできるだけいろいろなところに行っていろいろなことをやって、自分の可能性を知ることが大切なのです。最後の瞬間まで自分の知らない自分を探していく。そのために私たちの人生はあるのです。だから「自分の人生は自分のためにある」というのです。

死ぬまでにどれだけ自分の秘密を探り当てられるかということを考えると、私はわくわくしてきます。自分にはさらに何があるんだろうと思うと、それを早く知りたくていろいろなことをしてみたくなるのです。今自分が知っていると思っている部分なんて、実は本当の自分のうち、一〇〇万分の一かもしれないのです。「自分を知ること」という人生最大の謎に、ぜひもっともっと挑戦していってほしいと思います。

77 セブンス・センスをもとう

「セブンス・センス」、日本語に置き換えると「第七の感覚」ということになるでしょうか。これは私が周りの人たちに夢をもって生きてもらいたいというときに、ちょっと遊び心のある説明として使っている言葉です。

私たちはふだん、視覚・聴覚・嗅覚《きゅうかく》・味覚・触覚の五感のほかに、直感のような「第六感」も使うことがあります。勘の鋭い人や、普通の人には見えないものをわかったり感じたりすることができる人はこの第六感が発達しているといえるでしょう。

でも、もう一つ上のこの七番目の感覚とは、「そこにはないものを見ることができる」という力だと私は思っています。つまり、自分の未来を想像し、そこに向かって歩んでいくための道筋を自分で見つけられる能力であると思うのです。要は、想像力がどのくらいあるかということですが、この差が人生での幸福の差になると思います。

そこにはまだあるはずのない自分の未来、こうなりたい、こうなるんだという確固たる信念をイメージとして結実させることのできる人が、それを現実のものにできるのです。それは自分の中にある理想の人生を、自分でつくることができる力だと言ってもいいかもしれません。

想像力、それは人間の能力のなかで、もしかしたら最も神に近い能力といえるでしょう。本当は誰でももっているこのすばらしい能力を、眠らせてしまっている人も多いと思うのです。使わないで錆《さ》びつかせてしまうのはもったいないこと。いつも研ぎ澄ましておきたいものです。

78

世の中に無傷の人はいない

私たちはいつからこんなに失敗を恐れるようになったのでしょう。傷ついたり、恥をかいたり、人から何か言われたりするのが嫌だから、何かする前にはつい、ひどく臆病になってしまったり、なんてことない小さなミスにショックを受けて激しく落ち込んだりします。そういうときは、世界中で自分だけがこんな失敗をするんだと思い込んでしまいます。でも、それは大きな間違いです。ほかの誰だって、同じようにいろいろな失敗はするのです。それを忘れてしまっている人が意外と多いようです。

スポーツの試合にたとえるとわかりやすいかもしれません。バスケットでも野球でもサッカーでも、最終的な目標は「その試合に勝つ」ということ。決して「相手を〇点に抑えること」ではないはずです。たしかに相手を無得点に抑えていれば向こうの勝ちはないかもしれませんが、守りに徹しているかぎり、つまり攻めないかぎり、こちらの勝ちもないのです。

それと同時に、最初から最後までずっと勝ちつづけるということも、基本的にはありえません。人生にパーフェクトを望むのはどうかしています。大切なのは「トータルで勝つ」ということ。成功している人は、これを理解しています。全部勝つことにこだわらず、本当に大事なときだけ勝てればいいと思っているからです。だからそれほど大事ではないと判断したときは潔く引くということができますし、逆に「ここはどうしても」というときには自分の一〇〇%で戦える。

傷つくのを恐れなくなって初めて、私たちは傷つかなくなるのです。

79 自分にできないものを人は求める

この言葉の意味は二つ。自分が何かを求める場合と、人が自分に求めてくる場合です。どちらも、自分の可能性を広げるきっかけです。自分に足りない能力をもつ人にあこがれるのは私たちの得意技です。「あの人みたいに英語が話せたら」「あの人みたいに仕事ができたら」と。でも、ここでポイントとなるのが、自分に「足りない」能力であるということです。「ない」のではなく、「足りない」。少しはもっているけれど、全然足りないと自分で感じているからこそ、もっともっとという気持ちになるのです。これは自分の内側からの可能性の芽生えといえるでしょう。こういう場合はどんどん人をうらやましがって、その人に近づくように、あるいはその人を追い越すように頑張ればいいと思います。

もう一つ、人が自分に求めてくるとき。たとえば、クラシックなんてまったく聴かないのに「今度ピアノのコンサートに行かない？」と誘われる。それから、携帯さえ持っていないのにｉモードのことで質問される。これはいったい何を意味しているのかというと、ずばり「人がそう思っているのなら、そうなるべきである」ということです。自分が今までまったく興味のなかったことやできないものに誘われたり、それについて聞かれたりするというのは、ちょうど今、あなたがそれらを学ぶ時期に来ているということなのです。自分がそう思われているのだったら、「なんでそう思われたんだろう」などと戸惑わずに、それをまたひとつ新しい自分を発見するチャンスに、あなたの可能性の大切な始まりにするべきなのです。

80

まず自分から動いたとき、人は動いてくれる

人を動かそうと思ったら、まず自分から動くべきです。口だけで人を動かそうと思っても難しいし、それで動いたとしても、一〇〇%満足のいく結果は得られないのです。だから私はよく「こうしてほしい」という見本を一度やってみせたりします。先日などは、社員にお茶の出し方を教えるのに自分でもやってみせ、あげくにポラロイドで撮影してどちらが見た目がいいかも比べて納得させる始末です。うるさい社長と思うかもしれませんが、マナーや美的センスを教えるのも仕事のうちだと思っています。だからこれに限らず、私はこれからもまず自分でやってみせるつもりです。

81

ダイヤモンドは光を当ててこそ輝く

　普通の石もダイヤモンドも、闇《やみ》の中ではどちらもただの石です。けれど光を当てたときに、ダイヤモンドはその輝きを浮かび上がらせます。そう、ダイヤモンドはそこに置いておいただけではだめで、その真価を発揮する場所が必要なのです。人間も同じことで、どんなにすばらしい人でも、そのすばらしさに光を当てないとなんにもなりません。自分が生かされる場を見つけることが大事なのです。誰にも必ず存在する、自分自身が一番光り輝く場所。それを探しながら、同時に自分自身の価値も磨いていく。それが私たち人間というダイヤモンドの原石の使命ではないでしょうか。

82 人にはそれぞれその人にふさわしいことが起こる

これは「あなたの日常の守備範囲内で起こることは、あなたが解決するようになっている」ということで、何も「問題が起こるのはあなたがトラブルにふさわしい」という意味ではありません。たとえば、車で通勤中に事故にあったという場合、あなたが交通事故にふさわしいというのではなく、車で通勤しているからそういうことも起こる可能性のなかで生きている、ということです。これが電車通勤の人なら自動車の事故にはあわない代わりに列車事故にはあう可能性があるということです。大切なのはそういうことが起こらないということではなく、起きたことをいかにうまく処理するかなのです。そう考えると、予期せぬ出来事が起こってもあわてることは少なくなります。「どうしてこんなことが私に起きたんだろう」などと考えている間に解決してしまおうと、頭のスイッチの切り替えもスムーズにいくことでしょう。自分に起こることは自分で解決できること、そう思っていればこじれません。それどころか「あ、自分は試されているんだな」と思えば、精神的にこちらが有利になったりもするのです。

以前、私が羽田空港で迎えの車を待っていたら、なんと運転手が空港のガラスに追突するという事故を起こし、買ったばかりのベンツが廃車になったことがありました。そのとき私は「これは私にどうふさわしいのだろう」と考えたのですが、その答えは後日わかりました。ビジネスがうまくいき、なんとベンツがもう一台買えるほどの金額が手元に入ってきたのです。それ以来、私は何か起こると、それさえも楽しんでしまうのです。

83

ちょっとした勇気がないばかりに埋もれてしまうのはもったいない

「このままの自分に不満はないけれど、何かつまらないなあ」。そう思ったときが、自分が変わるチャンスなのです。でもほとんどの人は、そこから飛び出すほんの小さなきっかけをつくるちょっとした勇気が足りないばかりに、そのままそこで埋もれてしまったりするのです。

チャンスはいつでも外からやってくるとばかり思っていたら大間違いです。小さなものならいくらでも自分でつくり出せるのです。重要なのは「どんなに小さなきっかけでも、自分でそれを転機にしようとするならば、必ずそれはチャンスになってくれる」ということなのです。

「コンテストに入賞した」とか「重要なポストに抜擢《ばってき》された」とか「海外留学が決まった」とか、そういう大きな変化ばかりが自分にとってのチャンスではないということをもう一度認識したほうがいいと思います。ほんの小さな何かでも、それは確実にあなたに何らかの変化をもたらします。だから小さくても自分で何かを起こそうと思うその気持ちが大切なのです。それは本当にちょっとした勇気なのです。これがある人とない人との差は、目に見えないくらいの差かもしれません。けれどそれが、あとあと大きな差になるのです。その差を自分自身で感じてみたいとは思いませんか？

渡り鳥でさえ冬には南をめざして旅立ちます。彼らは環境を自分で変えられることを知っているのです。なのに私たち人間ができないわけがありません。海を越える必要はありませんが、自分で自分の背中を押して、今までの自分を超えることくらいはできるのではないでしょうか。

84

感動は人生のステイタス

人生を面白くする一番の秘訣は、感動することです。感動の数が多ければ多いほど感性はみずみずしくなり、さらに感動を呼び込めるのです。「すごい！」「美しい！」「すばらしい！」「うれしい！」など、「！」マークのつく言葉を発するほど、世の中は楽しいもので満ちあふれてきます。

私はもともと感激屋なので、すぐにこの「！」マークを連発します。旅行で海外に行っては美しい景色に感動し、新しいレストランに行ってはおいしい料理に感動し、ビジネスで新製品が出たときにも感動し、パーティーでセレブリティと知り合いになっては感動し、はたまた自宅でひとり、渓谷を見下ろす庭先に差し込む夕日の美しさにも感動します。これまでの人生のなかでも、数え切れないほどの感動がありました。なかでも、めったにない経験で今でも思い出すと胸が熱くなるほど感動したことが二つあります。一つは私のビジネスで、ある大きな業績の達成記念のイベントをニューヨークのラジオシティ・ミュージックホールで開催したときです。お祝いのスピーチを私の尊敬する方にお願いしていたのですが、渋滞に巻き込まれて間に合わなくなりそうだったのです。ところがその人は車から降りて、心臓が悪いのにもかかわらず、私のために二ブロックも歩いて会場に駆けつけてくれたのです。もう一つは韓国で講演をしたとき、私がステージに登場したら、なんと聴衆の一万五〇〇〇人が『君が代』を歌って迎えてくれたことです。お金では買えないすばらしい瞬間でした。こんな瞬間をいくつもっているか、それが自分の人生の輝きを決めるのです。

85

なんだかわからないものこそが、あなたに何かを教えてくれる

私たちは「自分がわかっている物事は、実はそんなにたいしたものではない」と思わなければいけません。もちろん、知識やこれまでの経験、習得した技術などはたしかに自分の財産ですし、それらをすべて否定しろと言っているわけではありません。ただ、それらにしがみつくのではなく、つねにそこから一歩先を見たほうが自分のためになるということです。

自分がわかることをさらに増やすために、理解できないもの、よくわからないもの、初めてのもの、苦手だなと思うことにあえてぶつかっていくのです。そこで、これはなんだろうと思うことから新たな開拓をしたり新

しい世界を広げられるのです。

わからないものに対して、逃げたり避けたりしていてはそこで終わってしまう。いつまでたっても前には進めない。自分の成長はないのです。知らないということは、それを知ることが必要だということです。一番関心がないものは、実はそれについてもっと学ばなければいけないというものなのです。それはなぜかというと、時代は変わるからです。もしも時代が変わらないものなら、わからないものがあろうがあるまいがどうでもいいことです。でも、これだけ時代が変わるときに、目の前に現れてくるさまざまなものに対応できないということは、実は危険なことなのです。

今の自分はこれでいいのだと思うことは時代に横着になること、進化に対して鈍感になることです。わからないものに出合ったときに適応すること、これがあなたをさらに大きくするのです。

86

自分は『人生』という映画の主人公であり、監督でもある

自分の人生は、当然ですが自分が主役です。どんなふうに生きるのもあなたの自由です。でも、自分のことというのは案外わからないもの。本当は違う仕事のほうが向いているかもしれないし、本当は違う人と結婚したほうが幸せかもしれない。だから、理想をいえば、もう一人の自分がそこにほしいのです。言い方を換えれば、冷静になって自分を見つめ、行きすぎたり違う方向に行くのを止めてくれる、監督役の自分です。この二人の自分がそろってこそ、自分の人生をよりよくプロデュースできるのです。

自分が他人にどう見えているか、もっというと自分はどう見られたいの

かを客観的に分析して、少しでもその理想に近づけるように自分自身にアドバイスをするのは監督の自分。人生という舞台の上でさまざまなドラマを用意するのも監督の自分です。そして主役としてのあなたはそのストーリーを楽しみながら、観客を魅了する。泣いて、笑って、失敗もして、でも最後にはきっと幸せになるというハッピーエンドにするのには、主役の技量がものをいいます。ときどき、自分が主役だということを忘れて、わざと用意されたピンチにまんまとひっかかり、うろたえてしまう人がいます。それはすべて感動のラストシーンをより引き立てるために、わざわざ用意されたものだということを頭の中に入れておきましょう。すばらしい映画ほど、途中で観客を巻き込んでハラハラさせたりドキドキさせたりするものなのです。

あなたの映画はもう始まっているはずです。それはどんな物語ですか？

87 人生のイメージをもって生きよう

人はみな「なりたい自分」というのをもっているものですが、それが現実のものになるかどうかは自分がどれだけそうなりたいのか、そうなるためにどうすればいいのかを理解していることが重要です。「こうだったらいいなあ」ではなく「こうなるんだ」というはっきりとしたイメージがものをいうのです。スポーツ選手がするイメージトレーニングはそれと似たようなものです。どれだけ鮮明にイメージできるかが実際の試合に影響するのです。そう考えると想像力というものの大きさをあらためて感じます。

私は仕事の関係で、一九九八年の長野冬季オリンピックに関わっていたのですが、そこではイメージの大切さを再認識しました。たとえばスキーのジャンプ競技。出番の前に目を閉じて自分の最高のジャンプを想像する選手をたくさん見ました。それからリュージュ競技。これはそりで氷のトンネルを滑る競技ですが、出番を待つ選手がやはり目をつぶって体を揺らしているのも見ました。リュージュはそりの中に仰向けになって滑っていく競技です。選手はコースを見ることができないので、あらかじめコースがどうなっているかを全部頭に叩き込んでおかないといけないし、そのときに少しでも速く滑ることができるよう、微妙な体重移動などを頭の中で組み立てるのです。いかにイメージどおりに滑れるかがポイントとなるわけです。

人生もこんなふうに、自分なりのイメージをもって生きたほうがいいと思います。あなたのイメージはいったいどんなふうなものでしょうか。

88

今日はあなたのこれからの人生の最初の日である

迷ったり悩んだりしている人に私がよく言う言葉のひとつがこれです。今日から新しい自分になったつもりでまた始めればいい、ということです。リセットしてまたスタートだと思うと、なんだか気が楽になって、もう一度トライしてみようかなという気になりませんか？

この本を出版しているサンマーク出版に、『小さいことにくよくよするな！』という翻訳本があります。アメリカのベストセラーで、著者のリチャード・カールソンさんには私もお会いしたことがあります。その中に「今日は人生最後の日と思って生きよう」という項目があります。これもニュアンスは似ていますが、今日が最後だとしても悔いのないように今日を精いっぱい生きよう、ということです。

ところが先日、『アメリカン・ビューティー』という映画の中で「今日は残りの人生の最初の日」というポスターの文句を発見し、ちょっとびっくりしました。三つとも、似ているようで少しずつ違いますから、みなさんが一番気に入ったのを選んでくだされぱいいと思います。

要は、今日は昨日の続きではなく、まったく別の新しい日だということです。でなければ、明日も今日の続きで、それではつまらない。いつでも新しい自分だと思っていたほうが新鮮な気持ちでいられるのです。

私が昔作曲して世界歌謡祭でグランプリをとった『Good-by Morning』という曲の歌詞に「明日はすべてが変わるだろう　新しい始まりに」という部分があります。そう、明日があなたの新しい始まりかもしれません。

あとがき

「人間は考える葦《あし》である」と言ったのはフランスの哲学者のパスカルですが、「考える」ということは私たちのすばらしい長所であり、ときに短所にもなります。考えすぎてわからなくなったり、勝手に思い込んでしまったり、そんなときは自分の脳にだまされているのです。

やってみたら簡単だった、とりあえずやってみたらできたということはたくさんあるはずです。というより、ほとんどがそうだと言っても過言ではありません。何もしないでいるよりもまず一歩踏み出す。もしもだめだったとしても、そこからまたやり直せばいいのです。

一歩を踏み出すため、間違ったと思ったら戻ってまたやり直すための、そしてやりはじめたら頑張って続けるためのちょっとした勇気。それは一人ひとりがみなもっているものです。それをあなたが自分の中から掘り起こす役に立てたら、私がこの本を書いたかいがあるというものです。

この本はちょっと特別な本です。全部で八八の項目がありますが、約三分の二はベストセラーになった私の著書『始めるのに遅すぎることなんかない！』と『始めるのをあきらめることなんかない！』（いずれもサンマーク出版刊）からの項目で、残りの約三分の一はまったく新しい項目です。ただし、項目は同じでも、中の文章はすべて新しく書きました。私がみなさんに伝えたいと思う事柄をよりコンパクトに、よりわかりやすく表現したつもりです。ＣＤにたとえると、すべて新しいヴァージョンやリミックスのベスト盤にさらに強力な新曲も入っているという豪華な内容です。いずれも、ふだんの生活やビジネスや講演などで私が語っているものの中から、友人に人気のものや講演で好評だったもの、そして私が個人的に気に入っているものばかりを選びました。前著二冊と一緒に読み比べてもおもしろいと思います。

人間は「考える」ということのほかにもたくさんのすばらしい長所があります。それは「夢をもつ」そして「その夢をかなえることができる」ということです。「夢なんてない」「夢をもったってかないっこない」と言う前に、もう一度自分にそっと聞いてみましょう。自分がずっとやりたいと思っていることは？　こうなりたいと思う自分は？　きっと何かあるはずです。一人の人間としてそこに存在しているかぎり、あなたの夢もそこにあるのです。それをかなえることを、たった今から始めてみませんか？

「何かを始めるべき正確な時間」のことを、英語で「ゼロ・アワー」と言います。あなたのゼロ・アワーを今ここで設定しましょう。もちろん何度でもリセットできます。大切なのは、スタートボタンを押すということ。

その先には、あなただけの新しい未来が待っています。

どんな未来が見えますか？　何が見えようと、それは決められた未来ではなく、あなたが決める未来なのです。


そう、運命はあなたが決めるのを待っているのです。

著　者

運命はあなたが決めるのを待っている

二〇〇一年　七月十日　初版発行
二〇一七年　十月十日　第十二刷発行

著者　中島　薫
発行人　植木宣隆
発行所　株式会社サンマーク出版
東京都新宿区高田馬場二―一六―一一
(電)〇三―五二七二―三一六六

印刷・共同印刷株式会社
製本・株式会社若林製本工場

ISBN978-4-7631-9391-9 C0030
ホームページ　http://www.sunmark.co.jp